Meio Ambiente, Política Criminal e Criminologia

Reflexões sobre qualidade de vida e a violência nas metrópoles

Jorge Luiz Bezerra

Dados Internacionais de Catalogação na Publicação (CIP)
(Câmara Brasileira do Livro, SP, Brasil)

Bezerra, Jorge Luiz
    Meio ambiente, política criminal e criminologia :
reflexões sobre qualidade de vida e a violência nas
metrópoles / Jorge Luiz Bezerra -- 1. ed. --
São Paulo : Ícone, 2010.

    Dissertação (Especialista) - Escola Superior da
Procuradoria Geral do Estado de São Paulo.
    Orientadora: Mirian Gonçalves Dilguerian.
    Bibliografia.
    ISBN 978-85-274-1137-0

    1. Áreas metropolitanas 2. Crimes - Prevenção
3. Crimes contra a segurança pública 4. Educação ambiental
5. Meio ambiente 6. Qualidade de vida 7. Teoria das
Janelas Quebradas 8. Violência - Aspectos sociais
I. Dilguerian, Mirian Gonçalves. III. Título.

10-07624   CDU-347.121.1:351.78

            Índices para catálogo sistemático:

    1. Metrópoles : Meio ambiente, política criminal e
       criminologia : Segurança pública : Direitos humanos
       347.121.1:351.78

JORGE LUIZ BEZERRA

MEIO AMBIENTE, POLÍTICA CRIMINAL E CRIMINOLOGIA

REFLEXÕES SOBRE QUALIDADE DE VIDA E A VIOLÊNCIA NAS METRÓPOLES

Trabalho de Final de Curso apresentado no Curso de Especialização *lato sensu* em Direitos Humanos da Escola Superior da Procuradoria Geral do Estado de São Paulo como requisito para obtenção do título de Especialista

Orientadora: Prof. Dra. Mirian Gonçalves Dilguerian

Escola Superior da Procuradoria Geral do Estado de São Paulo

1ª edição
Brasil – 2010

© Copyright 2010
Jorge Luiz Bezerra
Direitos cedidos à Ícone Editora Ltda.

História em Quadrinhos
Turma do Guga e as Janelas Quebradas
Desenhos: Luiz Gustavo B. de Lima e Silva
Arte Final: Andreia Tiemi, André Gorobets

Fotos
Jorge Luiz Bezerra
Folha de S. Paulo
O Estado de S. Paulo
O Globo

Capa e Diagramação
Richard Veiga

Revisão
Cláudio J. A. Rodrigues

Proibida a reprodução total ou parcial desta obra, de qualquer forma ou meio eletrônico, mecânico, inclusive através de processos xerográficos, sem permissão expressa do editor (Lei nº 9.610/98).

Todos os direitos reservados pela
ÍCONE EDITORA LTDA.
Rua Anhanguera, 56 – Barra Funda
CEP 01135-000 – São Paulo – SP
Tel./Fax.: (11) 3392-7771
www.iconeeditora.com.br
iconevendas@iconeeditora.com.br

Ao Grande Arquiteto do Universo, pela infinita generosidade e misericórdia, que permitiu a conclusão desta monografia.

Ao meu irmão Mário (*in memoriam*), exemplo de honestidade e superação esportiva.

Aos meus filhos, Izabella Regina e Luiz Gustavo, não apenas pelo apoio nas traduções e desenhos, respectivamente, fundamentais na elaboração deste trabalho, mas por preencherem de energia, esperança e luz o nosso convívio.

Apresentação

Sempre constitui motivo de alegria ver-se texto de qualidade sendo produzido. O livro do prof. Jorge Luiz Bezerra agrega a essa, muitas outras razões de satisfação. Apresenta um tema difícil quanto o da Tolerância Zero em sua ambiência correta: questões de melhoria do convívio e das condições gerais de vida de uma comunidade. Mais que isso, sublinha eficazmente a necessidade da sensação de inclusão (pertencimento) como fator de agregação e desestímulo a atos de violência/lesivos.

Violento é o mundo para todos. Pequenos tribunais de exceção surgem em blogs, em comunidades virtuais – em que tudo se julga e tudo se executa diante de juízes autoconstituídos e capazes da suma das violências, sem avaliação das consequências. No mundo real, os pequenos delitos cometidos com a virulência do excluído enfeiam a vida e, como outros tribunais de exceção, fazem com que a vontade do infrator seja a sentença contra a sociedade que o vitima.

Alguns pensam: quem se apieda do bandido, que o adote. Mais uma frase de efeito para justificar a incompreensão básica dos possuidores contra os despossuídos. O problema tem raízes muito mais profundas e a própria linguagem, por seus mecanismos e usos, acaba por separar, por fazer calar, por impor os adestrados sobre os desvalidos.

Se o diagnóstico parece simples, no entanto remete a soluções difíceis. O projeto nova-iorquino das janelas quebradas custou muito caro. Além de uma aplicação constante de vigilância (que tem custo), requereu a presença inevitável de uma justiça ágil e bem aparelhada, bem como do consentimento de uma comunidade esclarecida, que precisou ser informada adequadamente do que se buscava (novos custos).

O livro, que ora se apresenta, desenvolve a partir do Direito Ambiental, uma consciência busca de soluções para regiões deterioradas das urbes e ressalta a necessidade de outras aplicações de recursos para se obter segurança. Embora essa seja mais um objetivo a perseguir, que uma realidade, ainda assim não se pode deixar de intentar a melhoria geral da qualidade de vida como cenário da redução da violência.

A maior parte dos especialistas em segurança vê nessa doutrina de Kelling & Wilson uma utopia para nossas condições, contudo, pouco se falou e praticamente nada se publicou em língua portuguesa sobre ela. Uma rejeição de modelos alienígenas parece pairar nessa temática e, se de fato, as condições sociais são outras, nem por isso os mecanismos de inclusão/exclusão são de origem diversa.

O modelo neoliberal de atomização social tem perfil planetário. As pessoas tornam-se simples focos de papéis e funções. Todos tornam-se substituíveis e dispensáveis na novel civilização da robótica e do controle. Na pós-Modernidade, momento do trânsito da sociedade do Spätkapitalismus para a contemporânea sociedade do conhecimento (ou do controle, como prefere Deleuze) torna-se - o sujeito - dispensável e é substituído por si mesmo, não como sujeito, mas como o intercambiável foco de relações sociais. Foco este contaminado por processos de invasão ideológica, pelos memes da Filosofia da Mente; pela influência dos mass-media e de todas as manipulações da publicidade e da propaganda e, em particular, pelas incontornáveis disposições do sistema normativo, construto que busca legitimar-se como se fora natural e é forma irreconhecível de outras formas de poder e torna-se poder simbólico, apto a produzir efeitos reais sem invocar a força. E, como Direito que preserva os interesses burgueses - embora as transformações históricas de tais interesses – esconde o arbitrário dessas escolhas, mercê da desmobilização engendrada pelo ideológico e político conceito da legitimidade, de resto: conceito pertencente ao campo da política.

Um livro como este tem o condão de explicitar esses liames e de preparar o leitor para compreender como se aparelha a sociedade de Estado para conter a violência e todos os movimentos contrários à sua manutenção. Bem assim, como poderá o Estado viabilizar o mais caro de todos os preceitos burgueses: um mínimo de segurança.

Márcio Pugliesi

Doutor em Filosofia e Teoria Geral do Direito pela Faculdade de Direito da Universidade de São Paulo

Doutor em Filosofia pela Pontifícia Universidade Católica de São Paulo (PUC-SP)

Professor de Mestrado e Doutorado em Direito e do Departamento de Teoria Geral de Direito da PUC-SP

Coordenador do curso de Direito da Faculdade Anchieta

Agradecimentos

À Professora Doutora Mirian Gonçalves Dilguerian, querida e exigente orientadora, com quem aprendi grandes lições, notadamente, no novel campo do Direito Ambiental.

A George W. Anderson, Diretor da Academia de Polícia de Nova Iorque (*NYPD Academy*), pelo inestimável apoio dado às pesquisas *in loco* desta monografia.

À Professora Doutora Patrícia Werner, Diretora da ESPGE, pela competência e alto senso humanitário.

Ao Professor Doutor Márcio Pugliesi pelo apoio e amizade.

Ao amigo Anthony Quondamatteo (Tony Q.), CEO da Trading Cyber Corp/NY, pela preciosa contribuição durante as investigações de campo em Nova Iorque.

Ao consultor internacional de segurança pública William Andrews, ex-membro do comando da polícia nova-iorquina, pelos relevantes dados fornecidos à construção pragmática deste trabalho

À Yolanda Gonzalez, Presidente da ONG We Stay / Nos Quedamos, do Bronx/NY, cujo apoio foi fundamental na pesquisa de campo.

Resumo

Meio Ambiente, Política Criminal e Criminologia – reflexões sobre qualidade de vida e a violência nas metrópoles tem como objetivo apresentar a introdução da Educação Ambiental nessas cidades, mesclada com conteúdos éticos, à luz das teorias ecológicas do crime, notadamente a Teoria das *Janelas Quebradas* (Kelling & Wilson), levando para as escolas públicas das comunidades menos favorecidas, noções básicas de cidadania e atitudes opostas às incivilidades (contravenções penais, vandalismos, embriaguez, etc.) tão comuns no dia a dia.

Sabe-se que o crime predatório não meramente vitimiza indivíduos, mas assusta, desestabiliza e, em casos extremos, afeta a formação e a manutenção da comunidade. Isso se dá porque essa forma de crime perturba a delicada rede de ligações formais e informais pelas quais estão todos unidos numa comunidade. Tais ilícitos fragilizam a sociedade e fazem de seus membros meros calculistas.

O quadro piora quando se observam cenários urbanos em deterioração social. Na espécie, são estudados dois casos emblemáticos: a Cracolândia, em São Paulo; e o South Bronx, em Nova Iorque. Dois locais violentos, duas histórias. O primeiro, a superar; o segundo, em franca superação. Ambos, com lições a ensinar.

Uma formação em Educação Ambiental faria com que as comunidades, principalmente as crianças e os adolescentes, tivessem consciência de que o ser humano é parte integrante do meio ambiente e que este deve ser compreendido numa abrangência maior. A ideia é que seja entendido que o meio ambiente engloba o natural e o artificial, sendo possível uma relação harmônica sob a égide do desenvolvimento sustentável (Movimento do Cinturão Verde e Economia do Colarinho Verde) uma interdependência entre o homem, a natureza e o meio ambiente artificial.

Caminhar juntos por proteção pode, é claro, direcionar para um senso maior de ajuda mútua e dependência de um desejo de autodefesa e providenciar as bases para comprometimentos maiores e mais positivos. No despertar quanto à conscientização de importantes direitos fundamentais, como o meio ambiente, a sadia qualidade de vida e a segurança pública através de estratégias que pugnem pela mitigação das raízes da violência a partir de crianças e adolescentes em situação de risco social, concentram-se as maiores esperanças desta monografia que apresenta como sugestão uma história em quadrinhos para auxiliar nessa educação.

Palavras-chave: Meio Ambiente. Qualidade de Vida. Janelas Quebradas. Crimes contra a Qualidade de Vida. Educação Ambiental. Movimento do Cinturão Verde e Economia do Colarinho Verde.

Sumário

Introdução, 23

Capítulo 1
DO DIREITO AMBIENTAL, 29

1.1. Conceitos, 29

1.2. Princípios do Direito Ambiental, 31
    1.2.1. Princípio da Precaução, 31
    1.2.2. Princípio da Legalidade, 33
    1.2.3. Princípio do Direito Humano Fundamental, 33
    1.2.4. Princípio da Supremacia do Interesse Público, 33
    1.2.5. Princípio da Indisponibilidade do Interesse Público, 34
    1.2.6. Princípio da Obrigatoriedade da Proteção Ambiental, 34
    1.2.7. Princípio da Prevenção, 34
    1.2.8. Princípio da Obrigatoriedade da Avaliação Prévia em Obras Potencialmente Danosas ao Meio Ambiente, 35
    1.2.9. Princípio da Publicidade, 35

1.2.10. Princípio da Reparabilidade do Dano Ambiental, 35
1.2.11. Princípio da Participação, 36
1.2.12. Princípio da Informação (Princípio Democrático), 36
1.2.13. Princípio da Função Socioambiental da Propriedade, 38
1.2.14. Princípio do Poluidor-Pagador, 39
1.2.15. Princípio da Compensação, 39
1.2.16. Princípio da Responsabilidade, 39
1.2.17. Princípio do Desenvolvimento Sustentável, 40
1.2.18. Princípio da Educação Ambiental, 40
1.2.19. Princípio da Cooperação Internacional, 40
1.2.20. Princípio da Soberania dos Estados na Política Ambiental, 40
1.2.21. Princípio do Limite, 41

1.3. Meio Ambiente e Abrangência da Constituição, 41
   1.3.1. O ambiente como fim e tarefa do Estado e da Comunidade, 41

1.4. Meio Ambiente, Qualidade de Vida, Progresso Econômico e Social: Compatibilidades e Incompatibilidades à Luz da Constituição Federal, 44
   1.4.1. Princípios Constitucionais da Ordem Econômica e os Direitos Humanos, 46

1.5. Desenvolvimento Sustentável: Política Urbana e Direito a um Meio Ambiente Equilibrado, 52
   1.5.1. Plano Diretor, 52

1.6. A Função Socioambiental da Propriedade, 53

Capítulo 2
CRIMES CONTRA A QUALIDADE DE VIDA, 61

2.1. Qualidade de Vida, 61

2.2. Crimes que afetam a Qualidade de Vida, 64
    2.2.1. É melhor prevenir que remediar ou quem não preveniu pagou caro, 65

2.3. Crimes contra a Qualidade de Vida, 66

2.4. Virada Social: Estratégias de Prevenção Criminal para melhoria da Qualidade de Vida em São Paulo, 70

2.5. Violência e Exclusão Social, 78
    2.5.1. Conceitos, 78
    2.5.2. Tipos de Violência, 79

2.6. Conexões entre Crime, Política Criminal e Meio Ambiente (Teorias Ecológicas do Crime), 84
    2.6.1. O surgimento das teorias ecológicas do crime, 87
    2.6.2. A Escola de Chicago, 89
    2.6.3. Ecologia Humana, 91

2.7. Teoria das Janelas Quebradas, 93
    2.7.1. Policiamento de qualidade de vida em Nova Iorque, 95
    2.7.2. Cenários urbanos em deterioração social na cidade de São Paulo, 98
    2.7.3. Teoria da transgressão racional, 103

2.8. Cracolândia e a Virada Social – São Paulo, 105
    2.8.1. Tolerância Zero, da *Times Square* à Cracolândia a mesma estratégia: não permitir os menores ilícitos sob pena de estimular crimes graves, 107

2.8.2. Embasamentos, **108**
2.8.3. Casuística entre a Desordem e a Criminalidade, **110**
2.8.4. A Cracolândia não acabou... Mudou de endereço!, **112**
2.8.5. Políticas sociais e econômicas em andamento, **113**

2.9. Sugestões, **114**

2.10. Cenários urbanos em deterioração social na parte pobre de Nova Iorque e as exitosas parcerias público-privadas, **116**

2.11. Situação Geográfica, **118**
    2.11.1. Origens, **119**
    2.11.2. Relação entre a criminalidade e a pobreza, **119**
    2.11.3. O Projeto do Centro do Bronx (*The Bronx Center Project*), **120**
        2.11.3.1. Antecedentes, **120**
    2.11.4. Como funciona, **122**
        2.11.4.1. Impacto da participação econômica local, **124**
        2.11.4.2. Centro de Planejamento do Bronx, **125**
        2.11.4.3. Espaço aberto, **126**
        2.11.4.4. Sustentabilidade, **126**

Capítulo 3
O MEIO AMBIENTE SAUDÁVEL COMO FACILITADOR DA QUALIDADE DE VIDA, **129**

3.1. Qualidade de Vida e respeito ao Meio Ambiente, **129**

3.2. Educação Ambiental e sua influência na redução da Criminalidade, **130**
    3.2.1. Importância, **131**
    3.2.2. Objetivos da educação ambiental, **136**
    3.2.3. Educação ambiental: influências na formação cidadã e mitigação da violência, **138**

3.3. Movimento do Cinturão Verde (*Green Belt Movement* – GBM) como exemplo da concretização da Educação Ambiental, **140**
   3.3.1. Origens, **140**
   3.3.2. Metas, **141**
   3.3.3. Wangari Maathai, **142**
   3.3.4. Oito lições aprendidas, **144**
   3.3.5. Como estabelecer e executar uma campanha de cinturão verde para plantar árvores (o procedimento de 10 passos), **146**

3.4. Conexão entre Educação Ambiental, Movimento do Cinturão Verde (*Green Belt Movement*), Empregos Verdes (*Green Jobs*) e a redução da Criminalidade, **148**

Capítulo 4
ECONOMIA DO COLARINHO VERDE
(*GREEN COLLAR ECONOMY*), 153

4.1. Conceito, **153**

4.2. Ecodesenvolvimento, **156**

4.3. Como funciona a Economia Verde nos E.U.A., **157**
   4.3.1. Exemplos de políticas ambientais locais, **157**
      4.3.1.1. Prédios verdes, **158**
      4.3.1.2. Criar distritos de taxação verde, **160**
      4.3.1.3. Estabelecer um orçamento de crédito-carbono, **161**
      4.3.1.4. Definir alvos para o consumo de alimentos locais, resíduos zero e energia renovável, **162**
      4.3.1.5. Uso do planejamento para criar comunidades urbanas, **164**

4.4. Ecologização do gueto, **165**

Capítulo 5
SUGESTÕES, 167

5.1. Porque a opção pela história em quadrinhos (HQ) como ferramenta de conscientização de crianças e adolescentes, 167

5.2. Dinâmica de Exposição e Absorção das HQs, 171

5.3. A HQ como Meio de Divulgação e Convencimento, 173

À GUISA DE CONCLUSÃO, 177

REFERÊNCIAS BIBLIOGRÁFICAS, 191

GLOSSÁRIO, 197

APÊNDICE
História em Quadrinhos:
Turma do Guga e as Janelas Quebradas, 207

INTRODUÇÃO

A proposta deste trabalho é estudar como a deficiência na qualidade de vida afeta as pessoas. Para isso, foram eleitos, como focos, ambientes em deterioração social encravados em áreas violentas específicas nas cidades de São Paulo e Nova Iorque. Dentro dessa ótica, também é proposto demonstrar a possibilidade do emprego da Educação Ambiental nas escolas públicas como instrumento de propagação de conceitos básicos de ética, cidadania, direitos humanos e preservação ambiental, tendo ainda como ferramenta a doutrina das *janelas quebradas* (*Broken Windows Theory*, de Kelling e Wilson), que, por sua vez, defende a prevenção dos menores delitos como forma de inibir os mais graves, com foco em crianças e adolescentes em situação de risco social.

Não há como falar de violência e insegurança, sem buscar Thomas Hobbes. Esses são dois grandes problemas que afligem o homem de ontem e de hoje. Neste trabalho, buscam-se opções concretas para a melhoria da qualidade de vida das comunidades, através da Educação Ambiental, enquanto instrumental interdisciplinar e transversal contra o atraso e desigualdade.

Com efeito, o estado de natureza *hobbesiano* aborda a questão da natureza humana no sentido da igualdade "quanto às faculdades do corpo e do espírito", inatas nos homens, mesmo com as conhecidas diferenças existentes entre eles, as quais não são suficientemente consideráveis para invalidar essa condição de igualdade (HOBBES, 1988, p. 74).

Por aspirarem objetivos idênticos, o homem encontra-se em uma situação permanente de possibilidade de conflito, da "guerra de todos contra todos", onde cada um é conduzido por sua própria razão, não havendo nada, de que possa lançar mão, que não seja capaz de servir-lhe de ajuda para a preservação de sua vida contra seus inimigos. Segue-se o torto raciocínio de que, sob determinadas condições, todo homem tem direito a todas as coisas, incluindo os corpos dos outros. Portanto, enquanto perdurar este direito de cada homem a todas as coisas, não poderá haver para nenhum homem (por mais forte e sábio que seja) a segurança de viver todo o tempo que geralmente a natureza permite aos homens (HOBBES, 1988, p. 78).

Para evitar essa situação de "guerra de todos contra todos", Hobbes defende a existência de um Estado governado pelo soberano, forjado a partir da celebração de um pacto, um contrato entre os homens. Para Hobbes, "os pactos sem a espada não passam de palavras, sem força para dar qualquer segurança a ninguém" (HOBBES, 1988, p. 103), ou seja, é fundamental um Estado, governado pelo soberano, que detenha o monopólio do uso da força física – a espada.

Para Elias (1997), a questão da violência é insolúvel. Para chegar a essa conclusão, partiu do pressuposto de que os homens são diferentes entre si, o que faz com que necessariamente se relacionem uns com os outros de modos conflituosos. Assim, o conflito seria inerente às relações humanas e, portanto, social. Na contramão da violência, surge o processo de civilização, que "é justamente a regulação dos conflitos mediante coações exteriores e autocoações; quando elas não são 'eficazes', o conflito eclode sob a forma de violência" (WAIZBORT, 1999, p. 189). Ainda, consoante o pensador alemão, não "é a agressão que deflagra os conflitos", mas o avesso, ou seja, "os conflitos que deflagram a agressão" (ELIAS, 1997, p. 402).

Ainda segundo Elias (1997, p. 23), a "repulsa é notadamente dirigida ao fato do homem, utilizar a razão no trato com a natureza, para dominá-la a serviço das suas necessidades, e não ser capaz de usar a mesma razão em nossa própria vida social e coletiva [...]". (*sic*)

Sem nenhum esforço, ao observar os noticiários do cotidiano, repletos de tragédias de todos os matizes, roubos, crimes de sangue, corrupção, exploração sexual, enfim da guerra do homem contra o próprio homem, percebe-se que o ser humano do século XXI ainda possui contornos comportamentais que só podem ser qualificados de bárbaros. Ainda na inteligência desse imortal jurisfilósofo germânico, a solução para esse grave problema está na aptidão de suprimir ou não a violência, porém essa capacidade é fruto de um processo de aprendizagem, ou seja, o homem necessita percorrer um longo tempo para assimilar como viver entre si. (p. 148).

Neste processo de reinvenção de estratégias que visam evitar a volta à barbárie, não se pode, todavia, seja qual for o método ou política criminal a ser implantado, jamais aviltar os direitos fundamentais da pessoa humana, sob pena de oficializar a violência e discriminação. Neste rumo, Hudson (2007, p. 26), comentando a postura da Suprema Corte do Canadá, na defesa dos direitos dos menos válidos, adverte:

> *Mesmo nas sociedades democráticas, a justiça permanece como a "justiça do homem branco" porque é construída com as "Ferramentas do Mestre", e estas são as únicas ferramentas disponíveis aos grupos marginalizados, quando eles buscam justiça. Réus de grupos desfavorecidos serão julgados de acordo com a gama de escolhas que tenham para obter renda, abrigo, alimentação, segurança e status, escolhas que são legalmente disponíveis para os*

grupos dominantes que fazem as leis; as vítimas e testemunhas que integram os grupos desfavorecidos terão de formular seus pleitos usando a linguagem jurídica que reflete o entendimento da elite dominante sobre o que é danoso.

Destarte, a opção pela doutrina da teoria das *janelas quebradas*, que ficou conhecida por ter alicerçado a controvertida, embora exitosa, política criminal de Tolerância Zero, implantada inicialmente em Nova Iorque na primeira gestão (1994) do Prefeito Rudolph Giuliani, estando no comando da polícia o Comissário William Bratton, não significa, no bojo das ideias aqui defendidas, a adoção da postura de transformar o Direito Penal em *prima ratio*. Em rigor, o que é seguido é o princípio que, embora utilitarista, é irretocável, tanto pela proatividade, quanto pela economia de tempo e dinheiro, de que é melhor prevenir do que remediar. Esta é a essência da teoria em comento, que se traduz no pensamento de que os primeiros sinais de irregularidades ou deterioração social (*janelas quebradas*) devem ser reparados sob pena de que, a perdurarem, maiores problemas advirão.

Mutatis mutandis, não seria demais comparar a teoria das *janelas quebradas* com a invenção do avião de Santos Dumont, o qual teve sua criação, que é tão importante para o progresso de uma forma geral, transformada em máquina de guerra ainda na 1ª Grande Guerra; ou da descoberta da dinamite (TNT – Trinitrotolueno), em 1863, pelo sueco Alfred Nobel, tão útil para o progresso da humanidade, especialmente pela exploração mineral e construção civil, e que é usado diuturnamente para destruição do ser humano.

Esta comparação justifica-se porque, segundo a crítica de entidades e de autores vinculados à defesa dos direitos humanos, o policiamento contra os crimes que afetam a qualidade de vida – materialização da teoria das janelas quebradas – ou, como é vulgarmente conhecida, a Tolerância Zero, implantada em Nova Iorque desde 1994, é uma política criminal arbitrária, discriminadora e truculenta. Esta, ainda segundo a crítica, segrega uma gama de descamisados, desvirtuando o direito penal de sua função de última *ratio*, para atuar como *prima ratio*, uma vez que não se admite o menor dos delitos, como forma de desestimular os crimes mais graves. Usa-se a repressão policial e a pena como panaceia, buscando resolver todos os erros e mazelas decorrentes das sociedades mal resolvidas. Argumentos que se contrapõem à crescente tendência do direito penal mínimo.

Por outro lado, a metáfora das janelas quebradas foi formatada pelos criminologistas George Kelling e James Wilson, inspirados numa experiência ocorrida nos anos 70, comandada pelo Prof. Dr. Philip Zimbardo da Universidade de Stanford, em que se concluiu que a sensação de abandono gerada pela deterioração de um bem móvel ou imóvel atinge a todos, democraticamente, provocando as mesmas reações, independentemente de cor, credo ou *status* social.

Este preceito, como será visto, cabe perfeitamente dentro dos conceitos de preservação ambiental – no caso do meio ambiente artificial e cultural – e das Teorias Ecológicas do Crime (Escola de Chicago); por conseguinte, pode ser veiculado através da Educação Ambiental.

Na discussão desta monografia, apresentam-se ambientes em deterioração social, especificamente, a Cracolândia, em São Paulo (São Paulo, Brasil); e a área do sul do bairro do Bronx (South Bronx), em Nova Iorque (Estados Unidos da América), focalizando a prevenção criminal contra os crimes que afetam a qualidade de vida. Em seguida, oferece-se o fruto de uma meditação acurada sobre a viabilidade de adoção de políticas públicas direcionadas à inclusão social; e ao fortalecimento da resiliência, através da aprendizagem e multiplicação de novos e bons conceitos, entre os quais noções de cidadania, ética, direitos fundamentais da pessoa humana e educação ambiental, com foco em crianças, à luz dos novéis Movimentos do Cinturão Verde e Economia do Colarinho Verde.

Por derradeiro, a Educação Ambiental merece especial enfoque, não só por ser a melhor proposta pedagógica, pelo seu caráter interdisciplinar e transversal na contribuição com a escola e com os pais, para conscientizar os futuros cidadãos, mas, também, por partir do princípio, como visto, de que é no meio ambiente artificial (no qual vivem as comunidades) onde as *janelas* (alegoria usada para identificar as leis que protegem bens materiais e o próprio homem) são *quebradas* (danificadas ou malferidas), por serem cenários de várias formas de deterioração provocadas pela poluição, pela violência e pela criminalidade das ruas.

Capítulo 1

DO DIREITO AMBIENTAL

1.1. Conceitos

O Direito Ambiental, assim como o meio ambiente, não possui um conceito definido, todavia, *lato sensu*, este campo do Direito opera com várias normas jurídicas de diversos segmentos do direito, bem como se conecta com outras áreas do saber humano, como a biologia, a física, a engenharia, o serviço social, etc. Não por outra razão, o Direito Ambiental é considerado multidisciplinar, pois procura ajustar a conduta humana ao meio ambiente.

Para Cureau (2008, p. 1), Direito Ambiental é entendido como um "sistema de normas e princípios que regem as relações dos seres humanos com os elementos que compõem o ambiente natural". Assim, seria um sistema, e não um conjunto de normas e princípios, porque seus elementos possuem uma lógica que os vincula entre si, o que vai além da simples existência de algumas características em comum.

O Direito Ambiental é um dos direitos difusos (pertence a todas as pessoas) previstos na Constituição Federal. Preocupa-se com os intercâmbios do homem com a natureza e com os mecanismos legais para proteção do meio ambiente. É um ramo da ciência jurídica, pode-se dizer, globalizante, pois mantém relações essenciais e transdisciplinares com várias áreas do conhecimento, como antropologia, química, biologia, ciências sociais, engenharia, agronomia, geologia, etc., além de conter os princípios básicos do direito internacional.

A necessidade do Direito Ambiental brota com a constatação da degradação do meio ambiente, cujo dano nasce contemporaneamente ao estabelecimento do homem em sociedade, pois é sempre imperativo que se retire da natureza recursos naturais para sua sobrevivência. A diferença entre as civilizações antigas e o paradigma atual é a extensão do dano, que é bem maior atualmente.

A míngua da existência de uma política eficiente para a proteção de recursos naturais e de enfrentamento das catástrofes ambientais, a degradação ambiental apresenta dimensões preocupantes na vida comunitária, mormente nas grandes cidades. A sociedade brasileira, a exemplo de outras mal resolvidas, carece de uma regulação acerca do tema ambiental para tentar coibir práticas que colaborem para este quadro infausto e que estimule aquelas que apresentem uma maior sustentabilidade.

Presentemente, vivemos uma nova trama social, que cresce, inclusive, nos mais longínquos rincões do globo terrestre, onde todos atuam e tem seus papéis nos palcos da vida. Embusteiros, fazem de conta que não vêem os estragos causados pelo homem à Natureza. Outros verdadeiros vilões aproveitam-se covardemente da falta de fiscalização, explorando de forma destrutiva o ecossistema.

É cogente que os problemas vinculados aos recursos naturais e sociais, intimamente conexos, sejam sopesados como um complexo sistema de relações, já que o mau uso dos recursos naturais provoca riscos e danos à humanidade; o emprego impróprio e indiscriminado do labor humano, com práticas anticonservacionistas, como a queimada, ao lado dos avanços tecnológicos faz com que estes riscos e danos se multipliquem, comprometendo o bem-estar de todos.

Os efeitos indesejáveis, produzidos por esses riscos, poderão ser mitigados a partir da conscientização ecológica de todos quantos puderem interagir, modificando as ações geradoras dessas consequências. Essa ação racional e coordenada é chamada de gerenciamento ambiental, a qual se manifesta através da educação de base e visa viabilizar o desenvolvimento sustentável.

1.2. Princípios do Direito Ambiental

Princípios, *lato sensu*, são os preceitos fundamentais nos quais se embasam uma ciência. São os pontos cardeais que norteiam uma ciência ou disciplina e fornecem subsídios à aplicação das suas normas.

Os princípios são entendidos como normas hierarquicamente superiores às demais normas que regem uma ciência. Numa interpretação entre a validade de duas normas, sobreleva aquela que está em concerto com os princípios da ciência.

Malgrado ser uma ciência jurídica jovem, o Direito Ambiental possui princípios peculiares que o diferenciam dos demais ramos do direito. Esses princípios tencionam oferecer às presentes e futuras gerações, os marcos indispensáveis à preservação da qualidade de vida, consoantes à ideia de desenvolvimento sustentável.

Em sucinta explanação, os Princípios do Direito Ambiental são assim caracterizados:

1.2.1. Princípio da Precaução

É o principal orientador das políticas ambientais, servindo de base para a estruturação do direito ambiental. Está previsto no artigo 225, §1º, IV, da Constituição Federal (que exige o EIA/

RIMA – Estudo de Impacto Ambiental e Relatório de Impacto no Meio Ambiente), *in verbis*:

> ***Art. 225.*** *Todos têm direito ao meio ambiente ecologicamente equilibrado, bem de uso comum do povo e essencial à sadia qualidade de vida, impondo-se ao Poder Público e à coletividade o dever de preservá-lo para as presentes e futuras gerações.*
> *§ 1º. Para assegurar a efetividade desse direito, incumbe ao Poder Público: [...]*
> ***IV*** *– Exigir, na forma da lei, para instalação de obra ou atividade potencialmente causadora de significativa degradação do meio ambiente, estudo prévio do impacto ambiental.*

A Declaração do Rio sobre o Meio Ambiente e Desenvolvimento de 1992, disciplina a matéria no Princípio 15:

> *De modo a proteger o meio ambiente, o princípio da precaução deve ser amplamente observado pelos Estados, de acordo com as suas necessidades. Quando houver ameaça de danos sérios ou irreversíveis, a ausência de absoluta certeza científica não deve ser utilizada como razão para postergar medidas eficazes e economicamente viáveis para prevenir a degradação ambiental.*

Na busca de uma conceituação do Princípio da Precaução, quem oferece uma das noções mais didáticas a respeito é Derani:

> *O princípio da precaução está ligado aos conceitos de afastamento de perigo e segurança das gerações futuras, como também de sustentabilidade ambiental das atividades humanas. Este princípio é a tradução da busca da proteção da existência*

humana, seja pela proteção de seu ambiente como pelo asseguramento da integridade da vida humana. A partir desta premissa, deve-se também considerar não só o risco eminente de uma determinada atividade, como também os riscos futuros decorrentes de empreendimentos humanos, os quais nossa compreensão e o atual estágio de desenvolvimento da ciência jamais conseguem captar em toda densidade [...]". (DERANI, 1997, p. 167)

No direito positivo pátrio, o Princípio da Precaução está fundamentado ainda no art. 4º, incisos I e IV, da Lei de Política Nacional do Meio Ambiente (Lei nº 6.938, de 31.08.1981), que versa sobre a condição de existir um equilíbrio entre o desenvolvimento econômico e a exploração racional dos recursos naturais, inserindo também a avaliação do impacto ambiental.

1.2.2. Princípio da Legalidade

Resume-se na necessidade de suporte legal para obrigar-se a algo. Obrigatoriedade de obediência às leis (art.5, II, da Constituição Federal).

1.2.3. Princípio do Direito Humano Fundamental

É representado pelo direito difuso ao meio ambiente protegido, que pertence a todos, sendo um direito humano fundamental consagrado nos Princípios 1 e 2 da Declaração de Estocolmo e reafirmado na Declaração do Rio (ECO 92).

1.2.4. Princípio da Supremacia do Interesse Público

A proteção ambiental é um direito e, concomitantemente, uma obrigação de todos (art. 225, C. F.). Isto demonstra também a natureza pública deste bem, o que leva a sua proteção à obediência ao princípio de prevalência do interesse da coletividade.

1.2.5. Princípio da Indisponibilidade do Interesse Público

O meio ambiente equilibrado também é um direito de todos (art. 225, C. F.), sendo um bem de uso comum do povo, e daí a sua indisponibilidade, já que pertence à coletividade.

1.2.6. Princípio da Obrigatoriedade da Proteção Ambiental

Este Princípio está impresso no art. 225, *caput*, da Constituição Federal, que dispõe que a Administração Pública e a sociedade devem assegurar a efetividade do direito ao meio ambiente sadio e equilibrado.

1.2.7. Princípio da Prevenção

O Princípio da Prevenção do dano ambiental é proativo, porque se lastreia nas práticas dirigidas a afastar o risco ambiental.

Também está previsto no artigo 225, *caput*, da Constituição Federal, na medida em que se incumbe ao Poder Público e à coletividade o dever de proteger e preservar o meio ambiente às presentes e futuras gerações.

A ideia de proteção, do Princípio em apreço engloba tanto atividades de reparação como de prevenção. Conforme ensina Rodrigues (2005, p. 203):

> *Sua importância está diretamente relacionada ao fato de que, se ocorrido o dano ambiental, a sua reconstituição é praticamente impossível. O mesmo ecossistema jamais pode ser revivido. Uma espécie*

extinta é um dano irreparável. Uma floresta desmatada causa uma lesão irreversível, pela impossibilidade de reconstituição da fauna e da flora e de todos os componentes ambientais em profundo e incessante processo de equilíbrio, como antes se apresentavam.

1.2.8. Princípio da Obrigatoriedade da Avaliação Prévia em Obras Potencialmente Danosas ao Meio Ambiente

A imperiosa necessidade da avaliação prévia dos danos ambientais em obras potencialmente danosas ao público está disciplinada pelo art. 225 da Constituição Federal, que obriga o Estudo de Impacto Ambiental e o seu respectivo relatório (EIA/RIMA).

1.2.9. Princípio da Publicidade

Os estudos de Impacto Ambiental e os seus respectivos relatórios (EIA, RIMA) têm caráter público, por envolver elementos que compõem um bem de todos, ou seja, o meio ambiente sadio e equilibrado (art. 225, C. F.). Por esta razão, deve haver publicidade ante sua natureza pública. A Resolução nº 9, de dezembro de 1987, do CONAMA, disciplina a audiência pública na análise do RIMA.

1.2.10. Princípio da Reparabilidade do Dano Ambiental

Este Princípio encontra-se disciplinado em vários dispositivos legais, como na Constituição Federal, art. 225, § 3º, onde está previsto que "as condutas e atividades consideradas lesivas ao meio ambiente sujeitarão os infratores, pessoas físicas ou jurídicas, à sanção penal e administrativa, independentemente da obrigação de reparar os danos causados"; e no art. 4º, VII, da Lei 6.938/85, que também obriga ao poluidor e ao predador a obrigação de recuperar e ou indenizar os danos causados.

1.2.11. Princípio da Participação

Encontra-se disposto no Princípio 10 da Declaração do Rio sobre Meio Ambiente e Desenvolvimento de 1992; e no art. 225, da C. F., quando fala que a coletividade deve preservar o meio ambiente.

Envolve a participação na elaboração de leis; a participação nas políticas públicas, através de audiências públicas; e participação no controle jurisdicional, através de medidas judiciais, como ação civil pública, mandado de segurança coletivo, mandado de injunção e ação popular.

1.2.12. Princípio da Informação (Princípio Democrático)

Assegura ao cidadão o direito à informação e participação na elaboração das políticas públicas ambientais, de modo que garantirá os mecanismos judiciais, legislativos e administrativos que efetivam o princípio. Está esculpido no capítulo destinado ao meio ambiente e no que trata dos direitos e deveres individuais e coletivos da C. F. São exemplos de participação: audiências públicas, integração de órgãos colegiados, Ação Popular, Ação Civil Pública, etc.

Em se tratando do tema ambiental, a sonegação de informações pode gerar danos irreparáveis à sociedade, pois poderá prejudicar o meio ambiente que, além de ser um bem geral, deve ser sadio e protegido por todos, inclusive pelo Poder Público, conforme prescreve a Constituição Federal. Ademais, pelo inciso IV do artigo 225, o Poder Público, para garantir o meio ambiente equilibrado e sadio, deve exigir estudo prévio de impacto ambiental para obras ou atividades causadoras de significativa degradação do meio ambiente, ao que deverá dar publicidade; ou seja, tornar disponível e público o estudo e o resultado, o que implica na obrigação ao fornecimento de informação ambiental.

Além do citado artigo, devem ser observados:

- Art. 216, § 2º, da C. F.: disciplina o patrimônio cultural, traz especificamente que "cabem à administração pública, na forma da lei, a gestão da documentação governamental e as providências para franquear a sua consulta a quantos dela necessitem."
- Lei nº 6.938/81 (Política Nacional do Meio Ambiente): prevê a divulgação de dados e informações ambientais para a formação de consciência pública sobre a necessidade de preservação da qualidade ambiental e do equilíbrio ecológico (art. 4º, V). No art. 9º, diz que entre os instrumentos da Política Nacional do Meio Ambiente está a garantia da prestação de informações relativas ao meio ambiente, obrigando-se o Poder Público a produzi-la, quando inexistentes, inclusive.
- Decreto nº 98.161/89 (Fundo Nacional do Meio Ambiente): estipula em seu art. 6º que compete ao Comitê que administra o fundo "elaborar o relatório anual de atividades, promovendo sua divulgação".
- Lei nº 8.078/90 (Código de Defesa do Consumidor): traz a obrigação de informação em vários de seus artigos.
- Lei Federal nº 8.159/91 (Política Nacional de Arquivos Públicos e Privados): assegura o direito ao acesso aos documentos públicos (art. 22).
- Lei nº 8.974/95 (Lei da Biossegurança): está previsto que os órgãos responsáveis pela fiscalização dos Ministérios envolvidos na temática e ali citados, devem "encaminhar para publicação no Diário Oficial da União resultado dos processos que lhe forem submetidos a julgamento, bem como a conclusão do parecer técnico." (art. 7º, VIII).

- Lei nº 9.433/97 (Política Nacional de Recursos Hídricos): estabelece como um de seus instrumentos o sistema de informações sobre os recursos hídricos (art. 5º).
- Lei nº 7.661/98 (Plano Nacional de Gerenciamento Costeiro): determina em seu art. 8º que os dados e as informações resultantes do monitoramento exercido sob responsabilidade municipal, estadual ou federal na Zona Costeira, comporão o Subsistema Gerenciamento Costeiro, integrante do Sistema Nacional de Informação sobre o Meio Ambiente – SINIMA.
- Agenda 21, capítulo 40: determina, em suma, que no processo do desenvolvimento sustentável, tanto o usuário quanto o provedor de informação devem melhorar a disponibilidade da informação.
- Decreto nº 2.519/98: a Convenção sobre Diversidade Biológica, aderida pelo Brasil pelo citado decreto, prevê a obrigatoriedade do intercâmbio de informações disponibilizando-as ao público (art. 17).
- Decreto nº 2.741/98: a Convenção Internacional de Combate à Desertificação determina a divulgação das informações obtidas nos trabalhos científicos sobre a temática (art. 18).

1.2.13. Princípio da Função Socioambiental da Propriedade

Com o advento da Constituição de 1988, a propriedade passou a ter seu uso condicionado ao bem-estar social e assumiu uma função social e ambiental, conforme consta dos seus arts. 5º, XXIII; 170, III; e 186, II.

Para o Direito Ambiental, o uso da propriedade só pode ser concebido se respeitada sua função socioambiental, tornando-se assim mais um dos seus princípios orientadores.

1.2.14. Princípio do Poluidor-Pagador

Corresponde à Declaração do Rio sobre Meio Ambiente e Desenvolvimento de 1992, princípio 16; ao art. 4º da Lei nº 6.938/81 (Política Nacional do Meio Ambiente); à Lei nº 9.433/97 (Lei das Águas); e ao art. 225, § 3º, da Constituição Federal.

1.2.15. Princípio da Compensação

O Princípio em apreço não está expressamente previsto na legislação, mas existe em virtude da necessidade de se encontrar uma forma de reparação do dano ambiental, principalmente quando irreversível.

Destarte, o causador do dano irreversível pode fazer uma compensação com uma ação ambiental. Ex.: o aterro irreversível de uma lagoa onde há vida selvagem pode ser compensado com medidas de proteção efetiva em um lugar similar, ou mesmo com a restauração de outra lagoa próxima.

O art. 8º da Lei nº 6.938/81 diz que compete ao CONAMA, entre outras coisas, homologar acordos visando à transformação de penalidades pecuniárias na obrigação de executar medidas de interesse para a proteção ambiental, estando aí uma possibilidade de se compensar o prejuízo com uma ação ambiental.

1.2.16. Princípio da Responsabilidade

Aquele que praticar um crime ambiental estará sujeito a responder por ele, podendo sofrer penas na área administrativa, penal e civil.

Referem-se ao assunto a Lei nº 9.605/98, que trata dos crimes ambientais; e a Lei nº 6.938/81, art.14, que aborda sobre responsabilidade objetiva do degradador.

1.2.17. Princípio do Desenvolvimento Sustentável

A matéria resta abordada na Declaração do Rio sobre Meio Ambiente e Desenvolvimento de 1992, Princípio 3, que definiu o desenvolvimento sustentável (Agenda 21).

1.2.18. Princípio da Educação Ambiental

O art. 225, § 1º, da Constituição Federal prevê este Princípio ao prescrever que compete ao Poder Público promover a educação ambiental em todos os níveis de ensino e a conscientização pública para a sua preservação. É um dos princípios fundamentais que balizam o Direito Ambiental. Está previsto também na Agenda 21.

1.2.19. Princípio da Cooperação Internacional

Em razão dos efeitos da poluição abranger mais de um país e do fato da questão ambiental ser um problema global, com o fito de proteger o meio ambiente, surge a necessidade de cooperação internacional entre as nações. Com isso, este Princípio tornou-se um preceito a ser seguido. Consta como o "Princípio 2" da Declaração do Rio sobre Meio Ambiente e Desenvolvimento.

1.2.20. Princípio da Soberania dos Estados na Política Ambiental

A Conferência da ONU sobre Meio Ambiente, conhecida também como: Rio-92, Cimeira ou Cúpula da Terra, cujo nome formal é Conferência das Nações Unidas para o Meio Ambiente e o Desenvolvimento (CNUMAD), ocorreu entre 03 e 14 de junho de 1992 no Rio de Janeiro. O escopo principal era buscar meios de conformar o desenvolvimento socioeconômico com conservação e proteção dos ecossistemas da Terra.

Essa Conferência colaborou para uma ampla conscientização de que os danos ao meio ambiente eram majoritariamente de responsabilidade dos países desenvolvidos. Reconheceu-se, ao mesmo tempo, a necessidade dos países em desenvolvimento receberem apoio financeiro e tecnológico para avançarem na direção de um progresso sustentável. Naquele momento, a posição dos países em desenvolvimento tornou-se mais bem estruturada e o ambiente político internacional favoreceu a aceitação pelos países desenvolvidos de princípios como o das responsabilidades comuns, mas diferenciadas. A mudança de percepção com relação à complexidade do tema deu-se de forma muito clara nas negociações diplomáticas, apesar de seu impacto ter sido menor do ponto de vista da opinião pública.

1.2.21. Princípio do Limite

Este Princípio encontra-se acostado também no art. 255, § 1º, V, da C. F., segundo o qual o Poder Público deve impor limites às atividades que potencialmente podem causar danos ambientais, de forma a assegurar o equilíbrio ecológico, a qualidade de vida e o meio ambiente. São decorrência deste Princípio as limitações levadas a efeito pela Administração Pública quando estabelece a quantia de poluentes máximos, como padrões de qualidade ambiental, a serem emitidos por carros, fábricas etc.

1.3. Meio Ambiente e Abrangência da Constituição

1.3.1. O ambiente como fim e tarefa do Estado e da Comunidade

Algumas Constituições preferem considerar o ambiente como tarefa ou fim do Estado. Em termos jurídico-dogmáticos, as normas-tarefas e as normas-fim apresentam duas dimensões fundamentais: não garantem posições jurídico-subjetivas, dirigindo-se fundamentalmente ao Estado e a outros poderes públicos; não obstante, constituem normas jurídicas objetivamente vinculativas.

Na prática, a consideração do ambiente como tarefa ou fim normativo, constitucionalmente consagrado, implica a existência de autênticos deveres jurídicos dirigidos ao Estado e aos demais poderes públicos. Estes deveres jurídicos subtraem à disponibilidade do poder estadual a decisão sobre a proteção ou não proteção do ambiente. Por outras palavras: não está livre a disposição dos poderes públicos de decidir se o ambiente (os elementos naturais da vida) deve ou não ser protegido e defendido. A imposição constitucional é clara: devem!

Além disso, a dimensão objetiva das normas-tarefa e normas-fim constitucionais relativas ao ambiente aponta para a constitucionalização de bens (ou valores) jurídico-constitucionais decisivamente relevantes na interpretação-concretização de outras regras e princípios constitucionais; na positivação de preceitos constitucionais por normas de direito ordinário, nos juízos de ponderação indispensáveis à solução de conflitos. (CANOTILHO, 2008, p. 181)

As normas-fim e normas-tarefas ambientalmente relevantes são normas constitucionais impositivas. Por isso, impõem ao legislador e a outras entidades (autonomias locais) o dever de adotar medidas de proteção adequadas à proteção do ambiente. Mas, não apenas isso. A doutrina salienta que as normas-fim ecológicas e ambientais constitucionalmente consagradas têm um caráter dinâmico que implica uma atualização e um aperfeiçoamento permanente dos instrumentos jurídicos destinados à proteção do ambiente perante os novos perigos de agressões ecológicas.

Acresce que, além do caráter dinâmico, as imposições constitucionais ecológicas estão abertas à diversidade de formas de proteção. Pode exigir-se um atuar positivo ou uma omissão, podem adaptar-se instrumentos jurídicos ou medidas econômicas, pode optar-se por atos autoritários ou por concertos negociais.

O problema mais difícil, segundo Canotilho, é determinar como e em que medida a proteção ecológico-ambiental constitucionalmente exigida vai sendo cumprida pelos agentes responsáveis. Em primeiro lugar: a Constituição impõe um nível de proteção elevado? Impõe, pelo menos, um nível mínimo de existência ecológica? Duvida-se que este último conceito tenha uma dimensão jurídico-constitucional muito relevante. Em rigor, limita-se a exigir que a proteção do ambiente tenha, pelo menos, um nível de proteção garantidor de um mínimo de existência ecológica (CANOTILHO, 2008, p. 182). Em segundo lugar: a Constituição proíbe, através de normas-fim ou de normas-tarefas, o retrocesso ecológico? Por outras palavras: haverá aqui uma proibição constitucional de retrocesso ecológico-ambiental? A interrogação, limitada ao ambiente, transporta grande dose de ambiguidade. O retrocesso ecológico-ambiental refere-se à situação global ecológica ou aos bens ecológicos concretamente considerados? O agravamento da situação ecológica global parece ser o critério básico, pois só assim é possível proceder, em alguns casos, à ponderação ou balanceamento de bens. No entanto, relativamente aos recursos é possível uma maior e melhor concretização sob o ponto de vista da operacionalização do princípio da proibição do retrocesso ecológico. A água, os solos, a fauna, a flora, não podem ver aumentando o "grau de esgotamento", surgindo os "limites do esgotamento" como limite jurídico-constitucional da liberdade de conformação dos poderes públicos (atenção à possibilidade de regeneração, atenção ao dano).

Em terceiro lugar: o Princípio do Retrocesso Ecológico transporta a exigência de proibição de desregulação da disciplina normativo-ambiental? Como se vê, intervém aqui a problemática da desregulação jurídica. Parece indiscutível que não se pretende garantir a rigidificação dos instrumentos jurídicos existentes, confundindo forma e conteúdo. O que se pretende, sim, é proibir um retrocesso ecológico normativamente entendido, independentemente do instrumento jurídico de regulação. Um outro ponto de interesse para a densificação do princípio ambiental reconduz-se à questão de saber se as normas-tarefa ecológicas, além da garantia de defesa perante os *perigos* ecológicos incluem, no seu âmbito normativo, uma precaução contra os riscos. Trata-se, a nosso ver, de uma refração da problemática do princípio de precaução consagrado a nível comunitário. (CANOTILHO, 2008, p.182-183)

1.4. Meio ambiente, qualidade de vida, progresso econômico e social: compatibilidades e incompatibilidades à luz da Constituição Federal

Ao longo da História constata-se que as constituições liberais não tinham obrigação de dispor claramente sobre normas para compor o arranjo econômico, pois a ordem econômica liberal, nos últimos 50 anos, se contrabalançava por si própria. Naqueles idos, era suficiente a fixação constitucional de propriedade privada e liberdade contratual.

Pouco a pouco, esses paradigmas foram substituídos nos textos constitucionais pela ordem econômica intervencionista, devido à cobrança cada vez maior do incremento de políticas públicas que pudessem alterar para melhor a realidade social. Esse, por exemplo, era o pensamento da Lei Fundamental alemã de 1949. Tal encaminhamento era previsível nos anos cinquenta do século passado.

Hodiernamente, a jurisdição constitucional está adotando uma solução "político-procedimental". Os constitucionalistas alemães Denninger e Grimm (2008) observam que há uma racionalidade no sentido do ajustamento de um fim, eficiência e objetividade, de um lado, e de "justiça" no ponto de vista do equilíbrio de interesses logrado com limpeza, atenção às minorias e orientação que vise ao bem em geral, de outro. São perspectivas, certamente complexas, "que orientam a conformação e a aplicação de um procedimento que há de procurar um máximo de aceitação por parte de todos os participantes no mesmo e, com esse direcionamento, uma máxima legitimidade" (p. 28). Nessa orientação, a Justiça constitucional alemã, efetivou procedimentos para a proteção e o desenvolvimento dos Direitos Fundamentais. Em várias áreas jurídicas, por exemplo, no Direito do Meio Ambiente, igualmente no Direito da Energia Atômica, mas também no Direito da Imprensa, da radiodifusão ou da investigação científica, hão sobressaído princípios para uma conformação de procedimentos decisórios que de um lado se adquirem a matéria, mas que também promovem o consenso e resultem favoráveis aos Direitos Fundamentais (p. 28). Grau (2003, p. 54), ressaltando o papel fundamental da Constituição de 1988, quanto às políticas públicas e econômicas e o bem comum, escreveu:

> [...] a Constituição do Brasil não é um mero "instrumento de governo", enunciador de competências e regulador de processos, mas, além disso, enuncia diretrizes, fins e programas a serem realizados pelo Estado e pela sociedade. Não compreende tão-somente um "estatuto jurídico do político", mas sim um plano global normativo da sociedade e, por isso mesmo, do Estado brasileiro.

A expressão Ordem Econômica foi agrupada ao vocabulário jurídico a partir do início do século XX, expressando uma imagem de sistema voltado para a regulamentação das relações econômicas em um determinado Estado. Essa normatização espelha a preocupação do legislador constituinte por determinadas decisões econômicas e sociopolíticas.

Destarte, a ordem econômica constitucional trata da sustentação do equilíbrio global da economia. Neste compasso, os dois aspectos basilares são: levar para o campo jurídico os pressupostos capitais do desenvolvimento da economia e oferecer meios para a sua promoção e equilíbrio. A ordem econômica constitucional é o conjunto de princípios e normas que regulam os limites da atuação do Estado e da iniciativa privada.

A Constituição Federal, no seu art. 170, proclama os princípios maestros da ordem econômica. Cumpre observar que os alinhamentos normativos, sejam eles constitucionais ou infraconstitucionais, sempre se regerão por esses princípios norteadores, que significam o ponto de partida do ordenamento jurídico pátrio.

1.4.1. Princípios Constitucionais da Ordem Econômica e os Direitos Humanos

> *Art. 170. A ordem econômica, fundada na valorização do trabalho humano e na livre iniciativa, tem por fim assegurar a todos existência digna, conforme os ditames da justiça social, observados os seguintes princípios:*
> *I – soberania nacional;*
> *II – propriedade privada;*
> *III – função social da propriedade;*
> *IV – livre concorrência;*
> *V – defesa do consumidor;*
> *VI – defesa do meio ambiente, inclusive mediante tratamento diferenciado conforme o impacto ambiental dos produtos e serviços e de seus processos de elaboração e prestação;*
> *VII – redução das desigualdades regionais e sociais;*
> *VIII – busca do pleno emprego;*

IX – *tratamento favorecido para as empresas de pequeno porte constituídas sob as leis brasileiras e que tenham sua sede e administração no País.*
Parágrafo único. *É assegurado a todos os livres exercícios de qualquer atividade econômica, independentemente de autorização de órgãos públicos, salvo nos casos previstos em lei.*

Estes são os comandos constitucionais que uma ação estatal ou particular, pelos efeitos horizontais dos direitos fundamentais, são compelidos a cumprir, sob pena de ser inconstitucional seu comportamento, pela transgressão dos desígnios a que se dedica o Brasil (governo e sociedade civil), previstos no artigo 3º da Constituição Federal, dentre os quais se realça o arrefecimento das disparidades sociais e regionais (artigo 3º, inciso III, parte final), bem como o embasamento da dignidade da pessoa humana (art. 1º, III, c/c 170, *caput*, "existência digna"), constantes no dispositivo em cotejo.

"Assegurar a todos uma existência digna, conforme os ditames da justiça social" é o escopo maior da Constituição Federal pátria. No corpo da Lei Fundamental releva-se que a questão da preservação ambiental, no tocante à interação do homem com o meio ambiente, deve ser harmônica, de maneira que não venha a colidir com o direito a uma sadia qualidade de vida, conforme previsão nela expressa, objetivando proteger as gerações atuais e futuras.

De outra banda, é sabido que o bem-estar da sociedade humana não pode prescindir da ampliação da atividade econômica como via cogente para o alcance do desenvolvimento socioeconômico, determinado como uma das metas essenciais de nosso país.

Nesse quadro, observa-se uma zona de conflitos, pois, na atualidade, o crescimento econômico, imprescindível à qualidade de vida, demanda, em progressão geométrica, o uso dos recursos naturais que são limitados, os quais, no máximo, são renovados em progressão aritmética. Com efeito, a boa qualidade de vida tem como base um meio ambiente ecologicamente compensado.

Diante dessa dicotomia, cumpre ao Estado incrementar, através de políticas econômicas, um ponto de balanceamento entre esses dois opostos imperiosos à evolução do bem-estar de todos.

Ainda que numa singela leitura dos comandos constitucionais atinentes aos direitos sociais e às metas de Estado, observa-se que uma das pilastras do Estado brasileiro é a "dignidade da pessoa humana" (art. 1, III, C. F.); e a seu turno, em meio aos desígnios do Estado, se destaca o de "garantir o desenvolvimento nacional" (art. 3º, II, C. F.).

Nesse curso, a exegese dos dispositivos da Constituição Federal deverá ser interpretada acorde com os princípios e fins básicos do Estado. O art. 170 disciplina em seu *caput* que a ordem econômica tem por desígnio "assegurar a todos existência digna, conforme os ditames da justiça social".

Entrementes, para que tal objetivo se materialize, o incremento da atividade econômica, "fundado na valorização do trabalho e da livre iniciativa", observará os princípios fixados nos vários incisos de art. 170 da C. F., em meio aos quais se compreende "a defesa do meio ambiente" (inciso VI).

O art. 225 da Constituição Federal, complementarmente, afiança a todos "o direito ao meio ambiente ecologicamente equilibrado"; atribui ao Poder Público e à coletividade, "o dever de defendê-lo e preservá-lo para as presentes e futuras gerações." Em seus múltiplos parágrafos institui, para o Poder Público e agentes privados, deveres e obrigações.

Verifica-se, portanto, que as expressões "desenvolvimento", "defesa do meio ambiente" e "qualidade de vida" trazem em seus bojos, conceitos e valores, colimados na Constituição Federal, que orientam os nortes para a ação do legislador ordinário, na elaboração de políticas econômicas.

Segundo Cristiane Derani, citada por Carvalho (2005, p. 139-144), não é por acaso que a defesa do meio ambiente encontra-se no inciso VI do art. 170 C. F.. É uma chamada para a própria interpretação do art. 225 C. F., que constitui o capítulo do meio ambiente. Quando o citado disposto constitucional afirma que todos têm o direito ao meio ambiente ecologicamente equilibrado, bem essencial à sadia qualidade de vida, descreve uma faceta importante para a formação e garantia de dignidade humana.

O princípio da defesa do meio ambiente aparece, portanto, no art. 225 C. F., como direito fundamental. De princípio-base da ordem econômica – necessário ao desenvolvimento da atividade econômica – tem seu conteúdo ampliado, quando é reconhecido que, além de um fator de produção, é a conservação do meio ambiente uma condição essencial para o livre desenvolvimento das potencialidades do indivíduo e para a melhoria da convivência social (CARVALHO, 2005, p. 139-144).

A fim de facilitar o estudo da abrangência do art. 225 da C. F., será ele em seguida transcrito:

Art. 225. Todos têm direito ao meio ambiente ecologicamente equilibrado, bem de uso comum do povo e essencial à sadia qualidade de vida, impondo-se ao poder público e à coletividade o dever de defendê-lo e preservá-lo para as presentes e futuras gerações.

§ 1º. Para assegurar a efetividade desse direito, incumbe ao poder público:

I – preservar e restaurar os processos ecológicos essenciais e prover o manejo ecológico das espécies e ecossistemas;

II – preservar a diversidade e a integridade do patrimônio genético do País e fiscalizar as entidades dedicadas à pesquisa e manipulação de material genético;

III – definir, em todas as unidades da Federação, espaços territoriais e seus componentes a serem especialmente protegidos, sendo a alteração e a supressão permitidas somente através de lei, vedada qualquer utilização que comprometa a integridade dos atributos que justifiquem sua proteção;
IV – exigir, na forma da lei, para instalação de obra ou atividade potencialmente causadora de significativa degradação do meio ambiente, estudo prévio de impacto ambiental, a que se dará publicidade;
V – controlar a produção, a comercialização e o emprego de técnicas, métodos e substâncias que comportem risco para a vida, a qualidade de vida e o meio ambiente;
VI – promover a educação ambiental em todos os níveis de ensino e a conscientização pública para a preservação do meio ambiente;
VII – proteger a fauna e a flora, vedadas, na forma da lei, as práticas que coloquem em risco sua função ecológica, provoquem a extinção de espécies ou submetam os animais à crueldade.
§ 2º. Aquele que explorar recursos minerais fica obrigado a recuperar o meio ambiente degradado, de acordo com solução técnica exigida pelo órgão público competente, na forma da lei.
§ 3º. As condutas e atividades consideradas lesivas ao meio ambiente sujeitarão os infratores, pessoas físicas ou jurídicas, a sanções penais e administrativas, independentemente da obrigação de reparar os danos causados.
§ 4º. A Floresta Amazônica brasileira, a Mata Atlântica, a Serra do Mar, o Pantanal Mato-Grossense e a Zona Costeira são patrimônio nacional, e sua utilização far-se-á, na forma da lei, dentro

de condições que assegurem a preservação do meio ambiente, inclusive quanto ao uso dos recursos naturais.

§ 5º. São indisponíveis as terras devolutas ou arrecadadas pelos Estados, por ações discriminatórias, necessárias à proteção dos ecossistemas naturais.

§ 6º. As usinas que operem com reator nuclear deverão ter sua localização definida em lei federal, sem o que não poderão ser instaladas.

O Direito Internacional Público demonstra, através de acordos e tratados, os preceitos a serem seguidos pelos Estados no que toca à proteção ambiental. Esse resguardo ocorre internamente no território de cada Estado-Parte, embora, ultrapassando suas fronteiras e atingindo outros Estados. Já a legislação interna de um país, prevê a soberania do Estado e lhe promove o direito de dispor livremente de seus recursos naturais. Perante isso, imagina-se uma incongruência entre o ser (preservação ambiental) e o ter (desenvolvimento econômico). Nesse fluxo, o Direito Internacional atua de forma positiva, intervém nas leis e nos costumes das Partes em favor dos direitos de todos e por meio das *soft laws* (leis não cogentes, preconizadas pelo Direito Internacional). Com efeito, os países, pressionados por esse *animus* preservacionista, normatizam em suas estruturas, amoldando-se à execução normativa internacional no afã construir um desenvolvimento sustentável que harmonize os dois extremos.

Com a transição, no Brasil, do Estado Ditatorial (Golpe de 1964) para o Estado Democrático de Direito, ocorreu uma assimilação por parte da Constituição Federal de 1988, no que tange ao meio ambiente, como se depreende do seu artigo 225, multicitado. Este, por sua vez, dá contornos definitivos à matéria, mormente as salvaguardas às gerações futuras de um meio ambiente saudável e conservado, acordes com o artigo 5º da mesma Constituição.

Ao versar a respeito dos princípios relativos ao meio ambiente, foi abordado o Princípio do Desenvolvimento Sustentável, o qual também se encontra constitucionalmente protegido no cotejado art. 225 C. F., que dispõe sobre o dever da coletividade e do Poder Público de conservar o meio ambiente para as presentes e futuras gerações.

O zoneamento ambiental é um tópico importante que se relaciona ao citado Princípio, porquanto disciplina em que configuração será ajustado o desenvolvimento industrial, as zonas de conservação da vida silvestre e a própria habitação do homem, tendo em vista sempre, como enfatizado, a manutenção de uma vida com qualidade às presentes e futuras gerações.

Não se pode olvidar que a função social da propriedade, de *per si*, ganha importância nesse âmbito, porque a propriedade cumpre esse papel na medida em que obedece às metas desenhadas pelo Plano Diretor, que, *a priori*, tem o escopo de salvaguardar o bem-estar dos cidadãos.

1.5. Desenvolvimento Sustentável: Política Urbana e Direito a um Meio Ambiente Equilibrado

1.5.1. Plano Diretor

O Plano Diretor pode ser definido como o conjunto de normas que fixa as diretrizes urbanísticas e de utilização do solo de determinada cidade. No Plano Diretor são estabelecidos objetivos, prazos, atividades, competências para executar as suas normas, bem como há fixação de diretrizes de desenvolvimento. Sua elaboração é de competência do Executivo Municipal, por intermédio dos órgãos de planejamento da Prefeitura, e são aprovados por lei.

São objetivos principais do Plano Diretor:

- A ordenação dos espaços habitáveis;
- A reurbanização de bairros;
- O alargamento de vias públicas;
- A construção de vias expressas;
- A ordenação dos espaços destinados às indústrias;
- A ordenação da construção de casas populares;
- A ordenação da distribuição de redes de esgotos;
- O saneamento;
- A retificação de rios e a urbanização de suas margens;
- O zoneamento;
- O arruamento;
- Os loteamentos.

Segundo o artigo 182 da Constituição Federal, a política de desenvolvimento urbano, executada pelo Poder Público Municipal, conforme diretrizes gerais fixadas em lei, tem por objetivo ordenar o pleno desenvolvimento das funções sociais da cidade e garantir o bem-estar de seus habitantes. Ainda nesse mesmo artigo, em seu § 1º, temos que o Plano Diretor, que será aprovado pela Câmara Municipal, e que é obrigatório nas cidades com mais de 20 mil habitantes, é o instrumento básico da política de desenvolvimento e de expansão urbana, e que a propriedade urbana cumprirá sua função social quando atender às exigências fundamentais de ordenação da cidade expressas no plano diretor.

1.6. A Função Socioambiental da Propriedade

O proprietário tem o direito de usar e dispor de seus bens e de reavê-los do poder de quem quer que injustamente os possua (art. 524, Código Civil), o que a princípio leva a crer que há um direito absoluto de utilização, mas não é assim. Sabemos que o direito não é absoluto, pois quando o seu exercício passa a incomodar terceiros, esbarra no direito alheio, ante o seu caráter bilateral, não fugindo à regra o direito de propriedade. O uso normal da propriedade implica não extrapolar os seus limites, havendo, hodiernamente, restrições a sua utilização, as quais podemos dividir principalmente em administrativas, cíveis e ambientais.

No âmbito administrativo, as restrições são aquelas impostas pelo Poder Público no exercício de seu poder de polícia, o qual pode ser muito amplo. Meirelles (2001) cita, entre outros poderes: polícia sanitária, das construções, das águas, da atmosfera, das plantas e animais nocivos, dos logradouros públicos, de costumes, de pesos e medidas e das atividades urbanas, em geral; portanto, a propriedade deve obedecer a inúmeras normas e posturas administrativas para a garantia do bem-estar público.

Na esfera cível, propriamente dita, encontramos os limites impostos pela função social da propriedade (art. 5º, XXIII, da C. F.), sendo certo que esta função não traz uma limitação concreta, mas representa uma utilidade da propriedade, que cada vez mais tem que ser útil, mormente pelo fato do crescimento da pobreza devido ao mal gerenciamento administrativo que ocorre há décadas, gerando contingentes de desabrigados e, consequentemente, grandes movimentos populares com objetivos de assentamentos, forçando assim a mudança da compreensão da amplitude do conceito de propriedade.

Ainda temos, no âmbito civil, as restrições referentes à vizinhança, nos termos do art. 554 do Código Civil, que dá ao proprietário o direito de impedir o mal uso da propriedade vizinha que venha a prejudicar a segurança, o sossego e a saúde, podendo exigir a demolição ou a reparação mediante ação cominatória ou indenizatória (art. 555). Já o art. 572 limita o direito do proprietário de construir em vista do direito dos vizinhos e dos regulamentos administrativos, podendo ser embargada a obra (art. 573), lembrando que a definição de vizinhança é mais ampla do que parece, considerando-se vizinho todo aquele que venha a sofrer danos pelos atos de abuso do proprietário, não abrangendo apenas prédios confinantes, pois atos de poluição sonora ou atmosférica, por exemplo, podem atingir grandes distâncias.

Em relação à questão ambiental, o direito de propriedade sofre restrições em virtude das instituições, por exemplo, de áreas de preservação como dos Parques Nacionais e Estações Ecológicas, do disposto no art. 1º do Código Florestal (Lei nº 4.771/65) e da constituição da Reserva Legal obrigatória nos imóveis urbanos (art. 16 e 44 Código Florestal); restrições estas que impõem limitações ao exercício do direito de propriedade em vista da preservação das florestas, as quais são consideradas bens de interesse comum a todos.

De mais a mais, todos têm direito ao meio ambiente ecologicamente equilibrado, sendo, portanto, reconhecido o direito a se ter um meio ambiente sadio (art. 225, C. F.), que não pode ser prejudicado por atos poluentes ou abusivos de proprietários irresponsáveis.

Assim, conclui-se que, atualmente, o direito de propriedade não é absoluto, devendo o proprietário utilizá-lo de forma a atender aos fins sociais, não prejudicando terceiros, bem como não produzindo nenhuma ação poluidora que afete o seu vizinho ou a coletividade, obedecendo ainda às restrições e imposições de caráter ambiental, uma vez que o direito a um ambiente sadio é previsto constitucionalmente, redundando aí uma clara necessidade da propriedade observar também a sua função ambiental.

O Estatuto da Cidade regulamentou, entretanto, os artigos constitucionais de política urbana, consagrando a implementação real do Direito Urbanístico nacional, tendo como finalidade a evolução das cidades urbanas dentro de um regramento que prima pelo desenvolvimento social sustentável do sistema, buscando o uso regular da propriedade urbana individual em prol do coletivo, leia-se, a função socioambiental da propriedade; o bem-estar do cidadão; a segurança e o equilíbrio ambiental do Município.

    Frisa-se, dentro do Estatuto da Cidade, o instituto do Plano Diretor, que tem o sentido de gestor urbanístico municipal, aplicando as regras de política urbana, fazendo-se assim o desenvolvimento urbanístico pautado sempre em diretrizes delineadas no art. 2A do mesmo diploma. O Plano Diretor é o centro da gestão urbano-ambiental, devido ao seu incremento local e programático, ensaiando os ditames buscados pelo município no uso do solo urbano adequadamente. Destaca-se que o Plano Diretor é, sem dúvida, o projeto mais completo de urbanização dentro do ordenamento jurídico vigente.

    Existem outros institutos de suma importância dentro do Estatuto da Cidade, que são o EIA (Estudo de Impacto Ambiental) e o EIV (Estudo de Impacto de Vizinhança), instrumentos aplicados em construções que podem afetar áreas de vizinhança, bem como áreas ambientais, o que denota grande importância em sua efetividade. O que hoje há, porém, é o pouco uso desses institutos, que quase sempre recaem em lutas judiciais devido à "politização" de setores imobiliários dentro do setor público, afetando a imparcialidade de vários administradores, e até mais, dos legisladores e também dos órgãos judiciais, juntando-se a isso o mal da corrupção.

    Ainda dentro da seara do Estatuto da Cidade, que merece atenção especial, por ser o ordenamento mais completo a respeito de gestão urbanística, têm-se outros instrumentos que são aplicados para uma política urbana voltada à função socioambiental da propriedade, nos termos dos arts. 182 e 183 C. F., como a desapropriação, a servidão administrativa, a limitação administrativa, o tombamento, a usucapião especial de imóvel urbano, a regularização fundiária, o IPTU progressivo, dentre outros, que têm o condão de coibir o uso irregular da propriedade privada, que hoje tem limites, baseada no Princípio da Função Socioambiental da Propriedade.

O Estatuto da Cidade é, com certeza, a Lei que mais engloba o Direito Urbanístico, no entanto, não podemos esquecer outras leis que visam também à gestão urbana. Leis estaduais e municipais proliferam a cada ano, e isso se dá, sendo uma das razões, por ser o Estatuto da Cidade não muito maduro, devido à sua denotação generalista acerca de políticas urbanas, necessitando de normas que regularizem vários aspectos específicos para a aplicabilidade concreta dos institutos já mencionados, bem como outros que visem à gestão urbano-ambiental municipal, mesmo porque o tema "política urbana" ou "direito da cidade", como claramente observável, tem cunho de interesse local e sempre demanda evolução legislativa.

Ressalte-se que o conceito de espaço urbano, abarcado pelo Estatuto da Cidade está compreendido dentro do meio ambiente artificial. Este, pode ser entendido como o espaço urbano construído, consubstanciado no conjunto de edificações (espaço urbano fechado) e dos aparelhos públicos (espaço urbano aberto).

Ao tratar da política urbana, a Constituição-cidadã, acabou por tutelar o meio ambiente artificial. E o fez não só voltada para uma órbita nacional como também para uma órbita municipal. Como se vê no art. 21, inciso XX:

> *Compete à União: [...]*
> *XX – instituir diretrizes para o desenvolvimento urbano, inclusive habitação, saneamento básico e transportes urbanos.*

A competência da União delimita as normas gerais e diretrizes que deverão balizar não só os parâmetros, mas principalmente os lindes constitucionais da política urbana que os Estados e Municípios deverão possuir.

Em sede municipal, destaca-se o artigo 182 da CF, que traz a própria função da política urbana, como se observa:

A política de desenvolvimento urbano, executada pelo Poder Público Municipal, conforme diretrizes gerais fixadas em Lei, tem por objetivo ordenar o pleno desenvolvimento das funções sociais da cidade e garantir o bem-estar de seus habitantes.

Diante do exposto, é de bom alvitre lembrar que os ordenamentos urbanos, como o Estatuto da Cidade, devem ser interpretados e até mesmo criados em consonância com os ordenamentos jurídicos ambientais, para que não haja qualquer afronta ao escopo do Direito Ambiental, que é o desenvolvimento sustentável, princípio constitucional e fundamental. A integração entre a política urbana e a ambiental de desenvolvimento sustentável é o marco a ser buscado no mundo moderno, para que a tutela do meio ambiente se torne eficaz.

Esse é talvez o grande problema nacional, a falta de urbanização. Dificuldade esta decorrente da ineficácia do Estatuto da Cidade, do Plano Diretor e dos demais instrumentos legais, da falta de fiscalização pelo Poder Público, da falta de qualidade administrativa e da falta de governabilidade, pois se funcionassem, não existiriam mortes pela falta de urbanização!

No entanto, o problema que alguns doutrinadores apontam é a falta legal da obrigação, da necessidade do administrador público colocar em prática a política urbana. Enquanto não houver a obrigatoriedade, a omissão sempre existirá. Enquanto não existir imperatividade para as governanças aplicarem com eficácia os instrumentos jurídicos, que nesta seara ainda são apenas programáticos e sem qualquer consequência pela omissão por parte dos administradores, os administrados morrerão em razão da falta de uma boa administração, pois a construção em áreas irregulares acontece quando não há uma política urbana eficaz, por exemplo.

Na falta de uma gestão urbanística, alguns setores da sociedade podem ajudar, e bastante, como o Ministério Público, fiscalizando a administração executiva, pedindo explicações e acionando o Judiciário com Ações Civis Públicas em prol do direito coletivo à urbanização; os próprios legisladores, fiscalizando se os administradores executivos estão seguindo a lei – função típica do Poder Legislativo; e a sociedade, através de Organizações Não-Governamentais, com ações jurídicas, educação e protestos, ou até mesmo individuais com ações jurídicas indenizatórias em razão da falta do serviço público essencial à sua boa qualidade de vida.

Concluindo, deve-se entender a importância do funcionamento do ordenamento urbano. Mesmo que tenha falhas em seu teor, existem regras válidas e boas para uma política urbano-sustentável efetiva, o que não há é a imperatividade dessas medidas, o que mantém sempre projetos em meros projetos, na condição de meros "projetos", sem vida própria. Pior, nem sempre destinam-se realmente a urbanização.

O problema histórico pode ser uma das consequências da falta de direitos urbanísticos em diversas áreas das cidades, mas não pode ser desculpa preexistente, devemos caminhar em busca de soluções plausíveis e concretas para uma gestão urbanística infalível e moderna, defendendo o meio ambiente ecologicamente equilibrado, bem como o cidadão que nele se hospeda temporariamente, deixando para as futuras gerações uma cidade sustentável com sadia qualidade de vida, obedecendo-se ao Princípio da Dignidade da Pessoa Humana.

Capítulo 2

CRIMES CONTRA A QUALIDADE DE VIDA

2.1. Qualidade de Vida

A acepção *Qualidade de Vida (QOL – Quality of Life)* é empregada, basicamente, para medir os efeitos sociais mais amplos gerados por políticas públicas que tenham como meta reduzir delitos de menor potencial ofensivo que afetem a estética e a ordem urbana, como grafitismo, prostituição, pequenos furtos, rixas entre gangues juvenis, vandalismo, entre outros, sobre o bem-estar dos residentes de determinada comunidade.

De acordo com Costanza *et al.* (2008, p. 6), a qualidade de vida tem sido, de uma forma explícita ou implícita, uma meta política a ser atingida tanto para indivíduos, como para comunidades e até mesmo nações em todo o mundo. Destaca que, atualmente, há um renovado interesse da academia e da mídia quanto à matéria.

Os dois parâmetros mais conhecidos de avaliação das condições de habitabilidade são os índices de qualidade de vida da *Economist Intelligence Unit's* e o da *Mercer Quality of Living Survey*. Ambas avaliam os aspectos que caracterizam o *modus vivendi* em vários países através de uma combinação de pesquisas de satisfação, observando determinantes subjetivas e objetivas de qualidade de vida como as taxas de divórcio, segurança e infraestrutura.

Essas aferições dizem respeito à população de uma cidade, de um estado ou país, não abrangendo o nível individual.

Diversos indicadores objetivos e subjetivos são cruzados ao longo do tempo, avaliando, através de pesquisas psicológicas, os níveis de bem-estar e grau de felicidade da população-alvo.

Ainda segundo Costanza *et al.* (2008, p. 6), a qualidade de vida é representada, em última análise, como a interação das necessidades humanas e a percepção subjetiva de sua realização, mediada pelas oportunidades disponíveis para atender a tais necessidades, entendendo-se que oportunidades para satisfazer as atuais e futuras necessidades humanas não podem prescindir de: Objetividade, Capital Social e Natural e Tempo, além do Capital Humano.

Já as necessidades humanas são: subsistência, reprodução, segurança, afeto, entendimento, participação, lazer, espiritualidade, criatividade, identidade e liberdade.

Por sua vez, o conceito de bem-estar subjetivo, compreende: felicidade, utilidade e bem-estar propriamente dito, no sentido de *welfare*, que abrange as condições materiais para uma vida digna.

Costanza *et al.*, elaboraram um modelo integrativo ou um fluxograma do funcionamento do paradigma de Qualidade de Vida (QOL), o qual é autoexplicativo, contudo, os termos estrangeiros estarão vertidos para o idioma pátrio logo a seguir.

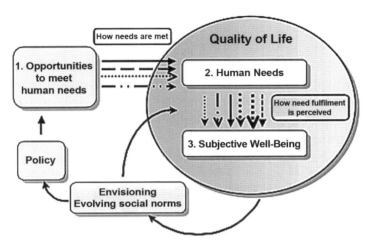

Figura 1: Qualidade de Vida (*Quality of Life*).

- 1. Oportunidades de encontrar as necessidades humanas. (*Opportunities to meet human needs*).
- Como as necessidades são levantadas. (*How needs are met*).
- 2. Necessidades Humanas. (*Human Needs*).
- 3. Bem-Estar Subjetivo. (*Subjective Well-Being*).
- Como a saciedade (satisfação) é percebida. (*How need fulfillment is perceived*)
- Prevenção envolvendo normas sociais. (*Envisioning Evolving socials norms*).
- Política. (*Policy*).

Acorde com esta definição, o papel da política é, simultaneamente, criar oportunidades para as necessidades humanas a satisfazer (entendendo-se que existe uma diversidade de maneiras de atender a qualquer necessidade especial), e criar condições que aumentem a probabilidade de que as pessoas vão efetivamente aproveitar essas oportunidades (figura 1). A criação de capitais humanos, social e natural (COSTANZA *et al.*, 1997) representam uma forma de categorizar essas oportunidades. O tempo também é uma restrição independente sobre a realização das necessidades humanas.

As normas sociais afetam tanto os escores dados às várias necessidades humanas ao agregar-lhes globalmente avaliações individuais ou sociais, como também as decisões sobre a política de investimentos sociais na melhoria das oportunidades. As normas sociais evoluem ao longo do tempo devido ao comportamento da população coletiva (AZAR, 2004). A evolução das normas sociais também pode ser afetada pela consciência compartilhada da previsão dos países mais preferidos do mundo (COSTANZA, 2000).

Os conceitos de "padrão de vida" e "qualidade de vida" foram inicialmente mais de interesse de cientistas sociais, filósofos e políticos, pois estavam muito ligados à diminuição da mortalidade ou ao aumento da expectativa de vida. Posteriormente, foram-se acrescentando outros parâmetros.

O Grupo de Qualidade de Vida da Divisão de Saúde Mental da Organização Mundial da Saúde, por exemplo, definiu qualidade de vida como "a percepção do indivíduo de sua posição na vida no contexto da cultura e sistema de valores nos quais ele vive e em relação aos seus objetivos, expectativas, padrões e preocupações". (HEED, 2009)

2.2. Crimes que afetam a Qualidade de Vida

O crime predatório não meramente vitimiza indivíduos, ele assusta e desestabiliza e, em casos extremos, afeta a formação e a manutenção da comunidade. Isso se dá por que essa forma de crime perturba a delicada rede de ligações formais e informais pelas quais estão todos unidos numa comunidade. Tais ilícitos fragilizam a sociedade e fazem de seus membros meros calculistas, voltados apenas a estimarem suas próprias vantagens, especialmente suas chances de sobrevivência no meio de seus pares. Em razão dessa instabilidade, empreendimentos comuns são cada vez mais difíceis, e até impossíveis, exceto aqueles motivados pelo desejo comum de proteção.

Caminhar juntos por proteção pode, é claro, direcionar para um senso maior de ajuda mútua e dependência de um desejo de autodefesa e providenciar as bases para comprometimentos maiores e mais positivos. Foi de um desejo de autodefesa, afinal de contas, que muitos dos primeiros acordos sociais surgiram. Todavia, eram uniões contra um inimigo externo. Proteção mútua contra um inimigo interno é mais difícil de conseguir, por ser uma relação desamparada de um consenso, bem como por ser geradora de conflitos, como disputa, as quais surgem, por exemplo, na peleja entre a vítima e o agressor.

Para James Wilson, criminólogo, ex-assessor do Governo Clinton, foi a falta de apreciação da importância da comunidade e a gravidade das ameaças a ela dirigidas que fomentou posições equivocadas durante os anos 60, quanto à natureza da violência urbana. Até o final da citada década, os líderes comunitários diziam que os maiores problemas que afligiam as grandes cidades norte-americanas eram transporte inadequado e impontual, declínio de vendas no varejo, déficit de moradias e aumento das taxas. Apesar do cidadão em geral dividir estas e outras preocupações de algum modo, era constante e crescentemente insatisfeito, entendendo que os problemas da cidade não estavam sendo levados a sério. (WILSON; COLES, p. 26-40).

2.2.1. É melhor prevenir que remediar ou quem não preveniu pagou caro

Os sentimentos alusivos à insatisfação da comunidade no entardecer dos anos 60 não foram mesmo levados em consideração pela grande maioria dos responsáveis pelas políticas públicas das cidades.

O Prof. Wilson prossegue, explicando que em 1966, numa enquete em Boston com mais de mil proprietários de imóveis, ficou evidenciado que os problemas urbanos convencionais – moradia, transporte, poluição, deterioração urbana e outros – eram as principais preocupações que afetavam apenas 18% dos questionados. Apenas 9% mencionaram a falta de empregos e os subempregos, mesmo tendo, muitos desses entrevistados, renda abaixo do nível considerado como da linha de pobreza. Em rigor, as mazelas que mais preocupavam a maior parte dos pesquisados foram: crime, violência, juventude rebelde, tensão racial, imoralidade pública, delinquência de uma forma geral. Como visto, a queixa comum era a preocupação com comportamentos impróprios em locais públicos.

O que estas preocupações têm em comum com o Brasil, notadamente com os problemas das grandes cidades, é que mesmo com as várias dificuldades enfrentadas pelas populações de baixa renda (desemprego, subemprego, desnutrição, deficiência da saúde pública, etc.), tanto nessas faixas sociais, quanto entre os mais abastados, as maiores inquietações são com a segurança pública e educação, primordialmente. A causa de uma maior aflição popular com a segurança das ruas é relativamente simples. Basta pensar que não se vai ao trabalho, escola e lazer sem transitar pelos logradouros. Assim, se os predadores e seus atos de violência reinarem nas ruas, simplesmente, inviabilizar-se-á o acesso de todos a todas as opções citadas, comprometendo a vida comunitária.

É a democratização do medo, que atinge a todos sem discriminação de cor, credo ou *status* social.

2.3. Crimes contra a Qualidade de Vida

Esta classificação é do Prof. James Q. Wilson (*QOL – Quality of life crimes*), que inclui alguns crimes contra a propriedade (grafitismo e vandalismo) e alguns sem vítimas pessoais como ofensas contra a qualidade de vida. Esse argumento é baseado na Teoria das Janelas Quebradas, construída por ele e George Kelling. Segundo essa concepção não se deve tolerar os delitos menores, porque, ao fazer isso é enviada uma mensagem subliminar que a desordem em geral é tolerada, o que resulta nas práticas de crimes mais sérios. Daí a metáfora: se uma janela quebrada não for imediatamente consertada, outras terão o mesmo destino, pela sensação de abandono que esta imagem provoca.

A teoria de Wilson e Kelling expandiu-se rapidamente entre as cidades norte-americanas e depois em todo o mundo, através do conhecido *slogan* da Tolerância Zero. Importantes prefeituras norte-americanas adotaram essa concepção, a começar por *Rudy* Giuliani, em Nova Iorque (1994-2002); Oscar B. Goodman (eleito em 1999 e no poder até a presente data – 3º mandato), em Las Vegas; Richard J. Riordan, em Los Angeles (1993-2001); Gavin Christopher Newsom (eleito em 2003, no poder até hoje), em São Francisco; Michael Bloomberg (eleito em 2001 e até hoje no poder), em Nova Iorque; Antonio Villaraigosa (eleito em 2005), em Los Angeles. No mundo, destaca-se Tony Blair, primeiro ministro inglês que introduziu a Tolerância Zero na Inglaterra; e Nicolas Sarkouzy, que na época em que era Ministro da Justiça, na França, adotou o modelo nova-iorquino que perdura até a presente data.

O grande problema do governo francês com relação aos crimes contra a qualidade de vida é proveniente das periferias de Paris, em sua grande maioria. O foco são os filhos de emigrantes das antigas colônias africanas, que reclamam de maus tratos e abusos por parte da polícia, bem como da exclusão de programas educativos e assistenciais. Ainda repercutem os danos causados ao erário francês pelo levante e quebra-quebra iniciados em *Clichy-sur-bois*, nos arredores da Cidade-Luz, que se estendeu pelo país afora, provocando prejuízos de milhões de euros.

Outro grande problema são as ações de gangues juvenis que atuam não só no entorno de Paris, mas em toda a nação. Sarkouzy anunciou, em março de 2009, 16 medidas para reprimir as 222 gangues com 2.500 membros permanentes registrados em toda a França. A maioria (80%) destas gangues atua na região parisiense, segundo os números do Ministério do Interior (correlato do Ministério da Justiça brasileiro). O presidente fez o anúncio na delegacia de Gagny, depois de ter visitado um estabelecimento de ensino dessa localidade invadido naquele mês por cerca de 20 jovens mascarados e armados com barras de ferro, facas e pedaços de pau, numa ação que deixou 12 feridos leves.

Entre as medidas anunciadas, a criação de "grupos especializados" da polícia para combater a violência urbana e as gangues, e a aplicação de uma pena de três anos de prisão por pertencer a uma gangue. "O simples fato de ser membro de gangue tem que ser considerado um delito", justificou Sarkozy. Os membros de gangues atacam "tudo que representa a autoridade, o Estado e principalmente os policiais", destacou a ministra do Interior, Michèle Alliot-Marie. (www.afp.org, 18 mar. 2009)

No Brasil, na capital de São Paulo, precisamente na gestão de Gilberto Kassab, foi adotado um modelo de policiamento de qualidade de vida, que poderia se dizer híbrido, cuja principal divisa é a *Lei Cidade Limpa*, promulgada com a finalidade de combater a poluição visual, mormente a provocada pelo abuso de placas e *outdoors* que proliferavam na capital paulistana.

O descumprimento à Lei Cidade Limpa já gerou a aplicação de mais de 3 mil multas durante os três anos da legislação. Até 2008, ao menos 444 mil materiais irregulares foram recolhidos pelos fiscais. Em vigor desde setembro de 2006, a lei deu prazo de quatro meses para o paulistano se adaptar às novas regras e retirar das fachadas placas, faixas e tabuleiros. A multa aos infratores é de R$ 10 mil no caso de anúncios com até 4 m^2 e mais R$ 1 mil a cada metro quadrado excedente.

Por seu turno, existem ações encetadas pela prefeitura paulista atual que são, no mínimo assemelhadas ao programa de políticas públicas (Tolerância Zero) desenvolvido pelo então Prefeito Rudolph Giuliani, durante as suas duas gestões à frente da cidade de Nova Iorque. Como, por exemplo, quando o ex--prefeito norte-americano, determinou o custeio da moradia dos desabrigados e que todos os sem-tetos fosse recolhidos e colocados em hotéis na cidade, inclusive, alguns cinco estrelas, em face do excesso de lotação de alguns.

O atual prefeito paulista mantém como visto, suas políticas públicas com foco especial na estética urbana, inclusive contra o exército de sem-tetos que habitam as ruas paulistanas. Do site oficial da Prefeitura, extraem-se os recortes abaixo transcritos:

Prefeitura ajudará moradores de rua com pagamento de aluguel.

Parceria permite ajuda para moradores de rua com renda de um a três salários mínimos para poderem pagar aluguel. A princípio, cerca de 400 pessoas serão beneficiadas com a ação. O programa foi aprovado pelo Conselho Municipal da Habitação.

Programa semelhante é adotado com sucesso, há mais de cinco anos, pelo Departamento de Serviços de Moradores de Rua (DHS, na sigla em inglês) da Prefeitura de Nova Iorque, cidade visitada na semana passada pelo secretário municipal de Assistência e Desenvolvimento Social.

Segundo ele, há muitas semelhanças entre as duas metrópoles. Tanto em São Paulo quanto em Nova Iorque, a maioria dos moradores de rua sofre de distúrbios mentais, é do sexo masculino e nasceu fora da cidade. Grande parte é dependente de álcool e drogas, já passou por prisões e está desempregada.

A maior diferença está nos recursos disponíveis. Com orçamento anual de aproximadamente US$ 1 bilhão, o DHS possuiu 219 albergues e atende 35 mil pessoas, oferecendo subsídio habitacional e outros benefícios.

Já a Secretaria paulistana conta com orçamento anual equivalente a US$ 30 milhões, atende 12 mil moradores de rua e administra 36 albergues. Para ele, Nova Iorque também está na frente de São

Paulo na integração das políticas públicas, especialmente nas áreas habitacional e de saúde. [...] Nova Iorque adota modelo semelhante ao defendido pelo secretário municipal. Num novo albergue, entregue recentemente, com quartos individuais para 600 pessoas, o controle de entrada é feito por meio de cartões magnéticos, o que possibilita sistematizar as informações e concentrá-las numa base de dados referente a cada morador de rua que passa pelo sistema. (http: //www.prefeitura.sp.gov.br/portal/a_cidade/noticias/index. php? p=19609, 05 nov. 2007)

No simples caminhar pelas ruas da capital paulista, percebe-se que a Polícia Militar e a Guarda Municipal estão empenhadas no cumprimento de estratégias de policiamento contra delitos que afetem a qualidade de vida, inclusive as chamadas incivilidades. Exemplos dessa postura observam-se nos principais cruzamentos de trânsito na área central, nos quais as atividades inoportunas dos *flanelinhas* são frequentemente desestimuladas, assim como a presença ou mesmo o pernoite de menores de rua e outros sem-tetos, nos bancos das praças do centro da cidade, vem sendo coibida etc.

2.4. Virada Social: Estratégias de Prevenção Criminal para Melhoria da Qualidade de Vida em São Paulo

O Governo do Estado de São Paulo, na administração Serra, também vem aplicando estratégias do policiamento contra os crimes que afetam a qualidade de vida, bem como em repressão aos crimes mais sérios e bandos organizados. O principal programa é a Virada Social, com participação ativa da Polícia Militar (PMESP). Trata-se de uma série de ações que se iniciam com as chamadas "Operações Oste (nsivas)", na qual a PM ocupa um bairro cujos índices de violência estejam acima da média esperada, e lá permanece com cerca de 500 a 600 homens, em torno de três meses. Durante esse período, várias prisões e apreensões são feitas e a criminalidade cai para índices próximos a zero.

Com efeito as Operações de Saturação por Tropas Especiais – OSTE, realizadas pela PM paulista, levam em conta as Áreas de Interesse da Segurança Pública (AISP), localidades estabelecidas considerando os índices de criminalidade, as informações de redutos de foragidos da Justiça e pontos de narcotráfico, entre outros aspectos estratégicos alinhavados pela cúpula da Secretaria (SSP) juntamente com o comando da PMESP. Estas operações demonstraram resultados representativos nas localidades-alvo da capital paulista (Jardim Eliza Maria, São Mateus e Heliópolis), todavia eram efêmeros, pois com o passar do tempo, após a retirada dos milicianos, os problemas criminais, assistenciais, educacionais e culturais retornavam. Entre as razões detectadas pode-se observar que as peculiaridades de subdesenvolvimento e fraca presença de policiamento nas ruas locais permaneciam inalteradas, como, por exemplo: desemprego, falta de infraestrutura urbana, desigualdade social, ausência do Estado, falta de aparato educacional, carência na área de saúde, dentre outros problemas latentes, proporcionadores da exclusão social, um dos maiores fatores para o aumento da violência, consequentemente da insegurança. Adotando uma solução de continuidade dentro de trabalhos realizados e esforços desprendidos, o Governo do Estado de São Paulo, inicialmente calcado na Secretaria de Segurança Pública e com o apoio das demais Secretarias de Estado lançou o projeto da "Virada Social".

O Projeto "Virada Social" é a conscientização pública para criar condições para promoção da segurança por meio da inclusão e cidadania, estabelecendo programas destinados a outras Secretarias Estaduais (educação, saúde, assistência social, etc.), objetivando participação nos programas locais de segurança pública. A ideia é impulsionar ações que integrem horizontalmente as diversas áreas do Poder Público estadual e municipal com a comunidade e ONGs, a fim de promover uma verdadeira mudança de mentalidade sobre o papel que a inclusão e a cidadania desempenham na construção de uma sociedade segura. A "Virada Social" pode ser conceituada, *prima facie*, como uma metodologia de intervenção integrada que visa ampliar e qualificar a presença do poder público nas áreas de risco social onde a Polícia Militar do Estado de São Paulo realiza a Operação Saturação por Tropas Especiais – OSTE.

As ideias-chaves do projeto são: ampliar a presença do poder público, procurando aproximar a relação entre oferta e demanda presumida de serviços básicos de inclusão e proteção social, priorizando o atendimento de um dado território nos processos de execução das diversas áreas da administração pública; e qualificar a presença do poder público, atuando como catalisador no processo de fortalecimento das redes locais de inclusão e proteção social, oferecendo acompanhamento técnico para implantação de ferramentas de gestão local voltadas à capacitação dos agentes públicos (governamentais e não--governamentais) responsáveis pela execução das políticas de inclusão e proteção social.

O plano local de ações integradas contempla cinco focos de atuação: os espaços seguros, onde se procura revitalizar as ruas, praças e escolas; a convivência pacífica, onde há o fomento da prática esportiva, incentivo ao lazer e a cultura; a inclusão social, formando, capacitando e inserindo produtivamente as pessoas da localidade; e o fortalecimento das redes e observatório da violência. Cada foco do plano agrega um conjunto de ações: como infraestrutura, aumentando e melhorando a oferta de serviços públicos; ações de inclusão, qualificando o acesso a um bem ou direito; ações de sustentabilidade, estimulando a participação comunitária e o empreendedorismo; e ações estratégicas, viabilizando a execução de outras ações previstas.

Como se trata de uma política que envolve algumas esferas de governo, determinadas ações são programadas para cada ente realizar, como segue:

a. **Infraestrutura:** cumpre ao Estado a construção e operação da base comunitária de segurança e a conservação de equipamentos públicos, ficando a cargo da Prefeitura do Município a instalação e o restabelecimento da iluminação pública, a revitalização de espaços públicos, bem como a conservação destes;
b. **Inclusão:** cabe ao Estado o desenvolvimento, na localidade, dos programas ação jovem, esporte social, fábricas de cultura, frentes de trabalho, além do desenvolvimento de cursos de formação continuada, poupatempo móvel e jornada da cidadania; para a Prefeitura, o desenvolvimento dos programas ação-família e agente jovem;
c. **Sustentabilidade:** é da alçada do Estado o fortalecimento do Conseg (Conselho de Segurança Pública do bairro) e o desenvolvimento do projeto memória comunitária; da Prefeitura, a zeladoria urbana;
d. **Estratégicas:** cabendo tanto ao Estado como à Prefeitura, a implementação de um plano de comunicação, o fortalecimento da rede de parceiros privados, a regularização de entidades e a regularização fundiária (geralmente, nestas localidades, a ocupação é irregular).

Para gerir o programa, bem como determinar as prioridades, existe o grupo de gestão executiva, com representantes do governo estadual e municipal, sendo do Estado às seguintes Secretarias: Secretaria de Assistência e Desenvolvimento Social, Secretaria da Cultura, Secretaria da Educação/Coordenadoria Regional, Secretaria do Emprego e Relações do Trabalho; Secretaria de Esporte, Lazer e Turismo; Secretaria da Justiça e Defesa da Cidadania, Secretaria da Segurança Pública, Poupatempo e SABESP. Os representantes da Prefeitura são: Subprefeitura,

Supervisão de Assistência Social, Supervisão de Esporte, Secretaria da Educação/Coordenadoria Regional, Secretaria da Saúde/Coordenadoria Regional, Limpeza Urbana (Limpurb) e Superintendência das Usinas de Asfalto (SPUA).

Para acompanhar o desenvolvimento integral do programa foi criada a equipe de "facilitadores", que disponibiliza apoio técnico às instituições parceiras para a elaboração de estratégias de atuação, realizando as costuras necessárias à viabilidade e organicidade do Plano de Ações Integradas. Dentre suas atribuições estão também: desenvolver instrumentos para coleta e sistematização de informações; organizar e relatar reuniões; manter informados os parceiros; preparar sínteses e resumos das ações; organizar a comunicação interna e externa sobre o desenvolvimento e resultados do projeto; acompanhar e encaminhar soluções para situações e imprevistos que exijam tomadas de decisões urgentes; arquivar documentos, fotos, vídeos e relatórios. Atualmente, os facilitadores são: o Coordenador-Geral, no Estado, é o titular da Secretaria de Assistência e Desenvolvimento Social (SEADS); o Coordenador-Geral, no Município, é o Chefe das Subprefeituras, também atuam em conjunto a Coordenadoria de Comunicação, Secretaria Executiva, Assessoria de Comunicação, Coordenadoria de Mobilização Comunitária, Assessoria de Mobilização Comunitária, Consultoria Técnica da SEADS e a Consultoria Técnica da Secretaria de Segurança Pública do Estado/SP.

Há um grupo de gestão local que garante a sustentabilidade à Virada Social. Esse grupo é, no primeiro momento, objeto de uma ação executada pela Coordenação de Mobilização Social, planejada com o propósito de induzir o fortalecimento das redes locais de proteção social. A ideia é que, no segundo momento, elas (redes) passem de objetos da ação à protagonistas da iniciativa como um todo, assumindo-se como responsáveis pela realização da Virada e multiplicando o efeito das ações inicialmente previstas. Este grupo é composto na primeira fase pelo comandante da companhia da Polícia Militar que atua na localidade, pelo delegado titular da circunscrição pertinente, por diretores de escolas da rede estadual e municipal, por equipes Secretaria de Atenção à Saúde – SAS (educadores) e por equipes do Programa de Saúde Familiar – PSF (saúde familiar) e, na segunda fase, pelas entidades e associações locais (formais e informais) além de lideranças comunitárias.

Na Virada em desenvolvimento na região de São Mateus, na cidade de São Paulo, por exemplo, já foram realizadas e há previsão de mais de 128 ações do poder público naquele local, podendo ser ampliadas na medida em que a avaliação do programa verificar a necessidade de um ajuste ou de um redirecionamento, com intuito de maximizar os resultados.

Segundo informações colhidas *in loco* e através do corpo técnico da Virada Social, o programa, apesar de todo o planejamento e das estratégias de atuação, ainda é uma metodologia em construção, pois envolve vários órgãos e o trabalho integrado no território é muito difícil. Entendem que o melhor caminho para aparar essas arestas seria uma melhor definição de atribuições. A partir disso, o processo tem muito a evoluir com resultados bastante promissores.

A coordenação do programa, como dito anteriormente, é de incumbência da Secretaria de Estado de Assistência e Desenvolvimento Social do Estado (SEADS). Segundo informações, atualmente, ela apenas transmite as diretrizes, até mesmo pela falta de estrutura daquele órgão frente à complexidade do projeto, ficando as questões de campo para a execução da municipalidade, através das Subprefeituras. É entendimento dos técnicos entrevistados que a tendência é que as Subprefeituras assumam de fato a condução do projeto nas demais áreas que serão objeto de outras Viradas Sociais, pois os problemas das comunidades estão mais próximos delas.

Ficou claro que sem ações sociais todo o trabalho realizado anteriormente vinha por terra. A inépcia do aparelho público proporcionava o retorno das mesmas condições para a instalação de todas as mazelas sociais. A Virada Social tenta criar a consciência nas demais pastas do Governo, excluindo-se a Segurança Pública que já desenvolve atividades em razão da peculiaridade profissional, para desenvolverem suas ações naquelas localidades degradadas, bem como verificar a possibilidade e acesso para que seus membros possam executar os seus trabalhos, situação muito importante para a segurança pública, que geralmente trabalha com o resultado destas desilusões sociais, quiçá a principal causa das questões motivadoras da criminalidade.

A receptividade do programa pela comunidade afetada é satisfatória, porém existem dificuldades para "fazer com que a roda entre em movimento", visto que tudo que está sendo realizado não é novo, há uma vasta bibliografia dando embasamento teórico, mas a chave da questão é como colocá-lo em operação de uma maneira duradoura e eficiente; problema este que perdura até os dias de hoje.

Constatou-se que nas localidades existem sérios problemas estruturais. Faltam recursos humanos e materiais, comprometendo desta forma o desenvolvimento de uma repressão qualificada alinhada a uma eficiente prevenção criminal primária, o que corroboraria para a revitalização dos locais e a ativação do aparelho público, formando o capital social daquelas pessoas envolvidas nas dificuldades.

Com a Virada Social em curso, constata-se que um dos elementos complicadores para a gestão total do programa é a falta de integração dos órgãos envolvidos, principalmente nas linhas de execução, além da carência, no que se refere à definição do "como fazer", faltando um manual de ações, uma cartilha ou algo similar para estabelecer um *modus operandi*, constando as ações e atribuições definidas para cada protagonista.

As Secretarias de Estado envolvidas, inicialmente, tinham linhas de convencimento divergentes e com a *OSTE* o discurso tornou-se único e mais fácil para adquirir a confiança das pessoas.

Observou-se também que os problemas da localidade e as carências já eram conhecidos, porém as respectivas pastas não tinham acesso ou espaço territorial para exercerem seus misteres. Com o tempo, parte destas atividades começaram a ser realizadas, embora com inexpressiva participação da comunidade. Com o decorrer dos dias, não sem muita dedicação dos agentes e gestores do projeto, os moradores saíram da letargia por comodismo ou por medo (sensação de insegurança) e passaram a confiar e participar por intermédio dos Consegs.

Segundo informações colhidas nas entrevistas, a comunidade prefere a segurança provocada pela presença das forças policiais, o estado de ordem e, mesmo, toleram alguns excessos da polícia frente à "lei do mais forte" implantada pelos criminosos. Porém, diante da ausência do Poder Público e por uma questão de sobrevivência, se adaptam ao jugo dos meliantes.

A Virada Social, propriamente dita, com o começo do processo de engrandecimento social (*empowerment*) da comunidade em todos os sentidos deveria ocorrer, concomitantemente com o final da operação de saturação, todavia isso não sucede. Ainda que haja vontade política e recursos financeiros disponíveis, a gestão na base não consegue viabilizar a aplicabilidade em tempo hábil, demonstrando muita dificuldade operativa. Em que pese existir disponibilidade orçamentária, há uma carência de Organizações Não-Governamentais (ONGs) e Organizações da Sociedade Civil de Interesse Público (OSCIPs) sérias e comprometidas com o bem-estar da comunidade para desenvolverem atividades-fins.

Igualmente, foi levantado que o *Virada Social* não possui orçamento próprio, com isso, fica dificultado o planejamento específico de ações de maior complexidade, pois depende dos demais parceiros, como a Secretaria de Educação do Estado de São Paulo e da própria Prefeitura, dentre outros, para concretizar seus objetivos iniciais.

Verificou-se, durante as visitas ao *Virada Social*, a falta de fiscalização e mesmo gestão aproximada dos projetos em andamento de responsabilidade das entidades não-governamentais. Inquirida a SEADS, foi respondido que é fato que há uma carência de técnicos para gerenciar e supervisionar as atividades de campo. Foi sugerido, inclusive, uma terceirização de mão-de-obra técnica especializada para o gerenciamento dos trabalhos em desenvolvimento pelas ONGs e OSCIPs que, subvencionadas com recursos públicos, atuam nas comunidades. Enquanto, isso não ocorre, prossegue o *Virada Social*, muito mais pela dedicação e profissionalismo de seus gestores e agentes do poder público, do que pelos meios disponíveis.

Enfim, como o *Virada Social* não tem vida ou autonomia financeira, o que era para ser o melhor programa de ações de prevenção criminal primária (educação, trabalho, saúde, esporte, cultura e lazer) e secundária (repressão) do governo de São Paulo, continua sendo um bom projeto, apenas isso.

2.5. Violência e Exclusão Social

2.5.1. Conceitos

O que é violência? Conforme o dicionário Houaiss é a "ação ou efeito de violentar, de empregar força física (contra alguém ou algo) ou intimidação moral contra (alguém); ato violento, crueldade, força". No campo jurídico, o mesmo dicionário define a acepção como o "constrangimento físico ou moral exercido sobre alguém, para obrigá-lo a submeter-se à vontade de outrem; coação".

A Organização Mundial da Saúde (OMS) define violência como "a imposição de um grau significativo de dor e sofrimento evitáveis". Especialistas, porém, afirmam que o conceito é muito mais amplo e ambíguo do que essa mera constatação de que a violência é a imposição de dor, a agressão cometida por uma pessoa contra outra; mesmo porque a dor é um conceito muito difícil de ser definido.

2.5.2. Tipos de Violência

A violência se manifesta de várias maneiras (intolerância, guerra, tortura, fome, assassinatos, etc.). No âmbito dos direitos humanos, a violência abarca todas as violações dos direitos civis (vida, propriedade, liberdade de ir e vir, de consciência e de culto); políticos (direito a votar e a ser votado, ter participação política); sociais (habitação, saúde, educação, segurança); econômicos (emprego e salário) e culturais (direito de manter e manifestar sua própria cultura). Os tipos de violência, configurados como transgressão da norma penal, exploração de menores, estupros, homicídios, sequestros, roubos e outros tipos de crime contra a pessoa e ou patrimônio, formam um conjunto que se acordou nomear de violência urbana, já que se manifesta principalmente no espaço das metrópoles.

Paulo Sérgio Pinheiro (1996, p. 7), um dos maiores nomes no campo da doutrina e da luta nacional e internacional pelos Direitos Humanos, entende que há violência quando ocorre um relaxamento nas restrições sociais, um afrouxamento do monopólio da violência física legítima do Estado, "e a violência é considerada um meio usual de resolução de conflito, recorrer a atos violentos para resolver disputas, na verdade, pode ser encorajado".

Calligaris (1996, p. 5), por seu turno, propugna que é o sentimento de pertencer a uma comunidade que faz com que o indivíduo internalize suas leis, respeitando-as e, como consequência, diminuindo o nível de violência naquela comunidade.

Não se pode olvidar, contudo, as distintas formas de violência existentes no campo.

A violência urbana não se consuma apenas com os crimes, mas é toda conduta que provoque sobre as pessoas e as regras de convívio na cidade, constrangimento em suas mais variadas formações. Nesse curso, e seguindo uma corrente utilitarista e pragmática como a que prega o combate aos crimes contra a qualidade de vida (*QOL – Quality of Life Policing*), a violência urbana afeta o tecido social na medida em que molesta a qualidade das relações sociais, carcome a qualidade de vida das pessoas. Assim, os crimes estão relacionados com as contravenções e com as incivilidades. Gangues urbanas, pichações, depredação do espaço público, o trânsito caótico, as praças malcuidadas, sujeira em período eleitoral compõem o quadro da perda da qualidade de vida. Certamente, o tráfico de drogas, talvez a ramificação mais visível do crime organizado, acentua esse quadro, sobretudo nas grandes e problemáticas periferias.

Hoje, no Brasil, a violência, que antes estava presente nas grandes cidades, espalha-se para cidades menores, à medida que o crime organizado procura novos espaços. Além das dificuldades das instituições de segurança pública em conter o processo de interiorização da violência, a degradação urbana contribui decisivamente para ele, já que a pobreza, a desigualdade social, o baixo acesso popular à justiça não são mais problemas exclusivos das grandes metrópoles. Na última década, a violência tem estado presente em nosso dia-a-dia, no noticiário e em conversas com amigos. Todos conhecem alguém que sofreu algum tipo de violência. Há diferenças na visão das causas e de como superá-las, mas a maioria dos especialistas no assunto afirma que a violência urbana é algo evitável, desde que políticas de segurança pública e social sejam colocadas em ação. É preciso atuar de maneira eficaz tanto em suas causas primárias quanto em seus efeitos. É preciso aliar políticas sociais que reduzam a vulnerabilidade dos moradores das periferias, sobretudo dos jovens, à repressão ao crime organizado. Uma tarefa que não é só do Poder Público, mas de toda a sociedade civil (SERASA, 2009).

    Especialistas vêm procurando entender o que explica a impressionante queda dos homicídios no Estado de São Paulo (72% em sete anos) e admitem que as causas não sejam muitas e ainda é difícil estabelecer o peso de cada uma. O mesmo acontece nos Estados Unidos, que experimentaram extraordinária queda de todos os índices de criminalidade violenta e, também, de crimes não violentos, ao longo da década de 1990. Por enquanto, o caso norte-americano está muito mais bem documentado do que o caso paulista, e sua análise merece atenção.

Em primeiro lugar, é importante ressaltar que a queda da criminalidade aconteceu nos Estados Unidos como um todo, e não foi apenas um fenômeno de Nova Iorque, embora naquela cidade a queda dos índices tenha sido maior do que no resto do país. Aconteceu em zonas rurais e urbanas, em cidades maiores e menores naquele país.

Os estudiosos parecem concordar que as variáveis que explicam a queda são basicamente: 1) mudanças na pirâmide demográfica. O grupo de jovens na faixa dos 15 aos 24 anos (faixa etária que mais se envolve com o crime) diminuiu consideravelmente no período; 2) investimentos na polícia (durante o governo Clinton, houve transferência de recursos federais para os estados investirem na ampliação e em treinamento de suas forças policiais, particularmente no incentivo ao policiamento comunitário e na modernização da gestão); 3) acentuado desenvolvimento econômico (também durante a era Clinton, a economia dos Estados Unidos experimentou crescimento excepcional, reduzindo-se os níveis de desemprego); 4) notável enfraquecimento da chamada "epidemia do *crack*", constatável por inúmeras pesquisas.

Há, ainda, os que alegam que a legalização do aborto e o crescimento das taxas de encarceramento contribuíram para a redução da criminalidade nos Estados Unidos, embora estudos diversos indiquem que, mesmo tendo exercido algum impacto, estas iniciativas seriam responsáveis por percentuais diminutos da queda dos índices. Alguns especialistas, por exemplo, demonstram que no Canadá, onde não houve crescimento do número de presos, os índices de criminalidade também caíram muito nos anos 1990. Por outro lado, países que não legalizaram o aborto na mesma época em que os Estados Unidos o fizeram também experimentaram quedas na criminalidade.

No caso de Nova Iorque, particularmente, vários estudiosos têm recentemente indicado que a chamada política de

Tolerância Zero, ou o encarceramento de um grande número de indivíduos, não teve o impacto que se imaginou. Jeffrey Fagan, professor da *Columbia Law School*, em Nova Iorque, por exemplo, vem estudando o fenômeno da queda da criminalidade em sua cidade e afirma, entre outras coisas, que a criação de 250.000 novas habitações populares, ao longo dos anos 1990, contribuiu muito mais para a redução do crime do que o encarceramento de milhares de novos presos no mesmo período. (FAGAN, 2000) Aliás, a teoria que Fagan desenvolveu acerca da queda dos índices de Nova Iorque, baseada em conceitos de saúde pública, é menos conhecida, mas não menos interessante. Ele demonstra, em seus estudos, que Nova Iorque conviveu com três "epidemias" de drogas ilícitas – a da heroína, no início dos anos 1970; a da cocaína, no final dos anos 1970; e a do *crack*, nos anos 1980 – e que as taxas de homicídios, provocados por armas de fogo, acompanham as curvas e os picos destas epidemias, revelando a mesma velocidade de crescimento e de redução de sua força. (FAGAN, 2000).

Fagan explana o que sucedeu em Nova Iorque através da teoria do "contágio social da violência". Derivando seus estudos de análises quantitativas (sofisticadas regressões) e qualitativas (grupos focais), o professor nova-iorquino sustenta que, nas áreas mais pobres da cidade, como o *South Bronx*, onde se concentram as maiores taxas de homicídios por arma de fogo (exatamente como acontece nos grandes centros urbanos no Brasil), os jovens se "contaminam" com uma cultura da violência que acompanha o crescimento do uso de determinada droga e, por consequência, a lucratividade do mercado que a explora. À semelhança de Luiz Eduardo Soares, no Brasil, Fagan discute o valor simbólico da arma para o jovem pobre, como instrumento, não só de defesa de seu território e de seu "negócio", mas de validação de sua existência. (FAGAN, 2000)

Enfim, o que importa saber é que não se pode cair na tentação das análises simplificadoras e simplistas, quando se trata de estudar como o crime aumenta ou diminui. A criminalidade é um fenômeno extremamente complexo, com múltiplas causas e, mesmo nos Estados Unidos, onde proliferam estudos bastante densos, ainda não se conseguiu, com precisão, estabelecer o peso relativo de cada uma delas.

Uma das grandes contribuições que o Pronasci (Programa Nacional de Segurança Pública com Cidadania) poderia dar, neste momento, seria apoiar estudos que pudessem ajudar a compreender o que vem acontecendo em São Paulo, para que o resto do país possa lucrar com a experiência paulista e desenvolver políticas de segurança públicas mais consequentes. (LEMGRUBER, 2009)

O debate sobre a exclusão social no Brasil tem tomado corpo nas últimas décadas, especialmente com o crescimento das atividades do terceiro setor. Nesse sentido, o surgimento de ONGs, cujas ações se estendem para diversas áreas de atuação, envolvendo diferentes segmentos sociais, tem aumentado a visibilidade da exclusão, contribuindo para o aprofundamento das discussões que levem à superação dessa realidade perversa.

Durante longo tempo no Brasil, as questões relacionadas à exclusão desembocavam no mesmo ponto: a pobreza, sendo que a exclusão e a pobreza pareciam indissociáveis. Tal configuração resultou numa feição própria, visível, concreta e extremamente preconceituosa e estereotipada, ou seja, quando se abordava a exclusão entrava em cena os pobres. Mais do que isso, a interpretação da pobreza colocava essa população como vítima das injustiças sociais, legitimando e acentuando as políticas assistencialistas.

Segundo Sposati (1988, p. 20, apud BARROS, 2009):

> [...] *a exclusão é uma impossibilidade de poder partilhar, o que leva à vivência de privação, da recusa, do abandono e da expulsão, inclusive com violência, de um conjunto significativo da população, por isso, uma exclusão social não pessoal. Não se trata de um processo individual, embora atinja pes-*

soas, mas de uma lógica que está presente nas várias formas de relações econômicas, sociais, culturais e políticas da sociedade brasileira. Esta situação de privação coletiva é que se está entendendo por exclusão social. Ela inclui pobreza, discriminação, subalternidade, não equidade, não acessibilidade, não representação pública.

2.6. Conexões entre Crime, Política Criminal e Meio Ambiente (Teorias Ecológicas do Crime)

Como sabido, a ciência que estuda o crime, seus protagonistas e os mecanismos de controle é a criminologia. A acepção foi usada pela primeira vez pelo antropólogo francês Paul Topinard, em 1883, e disseminada no mundo acadêmico através de Rafaelle Garofalo, que escreveu a sua famosa obra homônima em 1885. A criminologia é uma ciência empírica que se ocupa do estudo do crime, do delinquente, da vítima e do controle social dos delitos. Baseia-se na observação, nos fatos e na prática, mais que em opiniões e argumentos, é interdisciplinar e, por sua vez, formada por outra série de ciências e disciplinas, tais como a biologia, a psicopatologia, a sociologia, política, etc.

Quando nasceu, a criminologia tratava de explicar a origem da delinquência, utilizando o método das ciências, o esquema causal e explicativo, ou seja, buscava a causa do efeito produzido. Pensou-se que erradicando a causa se eliminaria o efeito, como se fosse suficiente fechar as maternidades para o controle da natalidade.

Academicamente, a Criminologia começa com a publicação da obra de Cesare Lombroso chamada *"L'Uomo Delinquente"*, em 1876. Sua tese principal era a do delinquente nato.

Já existiram várias tendências causais na criminologia. Baseado em Rousseau, a criminologia deveria procurar a causa do delito na sociedade; baseado em Lombroso, para erradicar o delito, devería encontrar a eventual causa no próprio delinquente e não no meio. Um extremo que procura as causas de toda criminalidade na sociedade; e o outro, organicista, investigava o arquétipo do criminoso nato (um delinquente com determinados traços morfológicos). Isoladamente, tanto as tendências sociológicas, quanto as orgânicas fracassaram. Hoje em dia fala-se no elemento biopsicossocial. Volta a tomar força os estudos de endocrinologia, que associam a agressividade do delinquente à testosterona (hormônio masculino), os estudos de genética ao tentar identificar no genoma humano um possível "gene da criminalidade", juntamente com os transtornos da violência urbana, de guerra, da fome, etc.

Política Criminal é uma disciplina que fornece ao Poder Público as orientações científicas mais apropriadas para o controle do crime, de maneira a funcionar de elo eficaz entre a criminologia e o direito penal, de modo a facilitar a assimilação das avaliações empíricas na positivação do direito.

Meio Ambiente é o "conjunto de condições, leis, influências e interações de ordem física, química, biológica, social, cultural e urbanística, que permite, abriga e rege a vida em todas as suas formas". (Resolução CONAMA 306/02).

Por seu turno, na ISO 14001:2004, meio ambiente é: "circunvizinhança em que uma organização opera, incluindo-se ar, água, solo, recursos naturais, flora, fauna, seres humanos e suas interrelações."

Uma organização é responsável pelo meio ambiente que a cerca, devendo, portanto, respeitá-lo, agir como não poluente e cumprir as legislações e normas pertinentes (ISO 14001).

Apesar de se encontrar na Norma referência sobre a responsabilidade das organizações com o meio, muitas fábricas que possuem principalmente atividades ou processos danosos ao meio ambiente e que passam a sofrer restrições no seu país de origem em razão das leis locais, acabam se transferindo ou mudando essa produção para outro país onde não haja impedimento ou lei específica. A maior parte desses países está em desenvolvimento, e seus governantes, interessados na entrada de capital na sua economia, acabam submetendo a população aos riscos ambientais que são gerados. Isso está começando a mudar, com a conscientização de que tudo está interligado no planeta, além da pressão de grupos ambientalistas e organizações internacionais que trabalham pela igualdade e respeito à vida.

O art. 225 da Constituição Federal estabelece o poder-dever de todos com um meio ambiente ecologicamente equilibrado. Assim, a sociedade como um todo é responsável pela preservação do meio ambiente. Então, é preciso agir da melhor maneira possível para não modificá-lo de forma negativa, pois isso terá consequências para a qualidade de vida da atual e das futuras gerações, entendendo que:

> *O meio ambiente concebido, inicialmente, como as condições físicas e químicas, juntamente com os ecossistemas do mundo natural, e que constitui o* habitat *do homem, também é, por outro lado, uma realidade com dimensão do tempo e espaço. Essa realidade pode ser tanto histórica (do ponto de vista do processo de transformação dos aspectos estruturais e naturais desse meio pelo próprio homem, por causa de suas atividades) como social (na medida em que o homem vive e se organiza em sociedade, produzindo bens e serviços destinados a atender "as necessidades e sobrevivência de sua espécie.* (EMÍDIO, 2006, p.127)

O lugar ocupado pela comunidade está sempre suportando alterações relacionadas ou impostas pelo próprio homem, que podem ser perniciosas ao meio ambiente quando não geridas corretamente. (LIMA, 2007)

2.6.1. O surgimento das teorias ecológicas do crime

Por outro lado, dentre as teorias que tentam explicar as causas da criminalidade, uma que está em voga nos E.U.A. é a chamada Teoria da Desorganização Social (TDS), a qual incorpora explicações e opiniões de outras correntes. Evidentemente que nenhuma corrente explica por si só a causa de todos os tipos de crime, e assim a TDS tenta apenas esclarecer a perpetuação de um ciclo de criminalidade que afeta sempre a mesma classe de pessoas: os pobres, em geral, nos E.U.A, representados por minorias raciais.

A TDS foi inicialmente desenvolvida entre 1920 e 1930 em um estudo sobre crimes urbanos e delinquência, conduzido pelos sociólogos Shaw e McKay, da Universidade de Chicago. A ideia defendida pela TDS é de que ordem social, estabilidade e integração contribuem para o controle social e a conformidade com as leis, enquanto a desordem e a má integração conduzem ao crime e à delinquência. Tal teoria propõe ainda que quanto menor a coesão e o sentimento de solidariedade entre o grupo, a comunidade ou a sociedade, maiores serão os índices de criminalidade.

O estudo dos sociólogos baseou-se na repetição sistemática de um padrão entre menores infratores que eram o objeto da pesquisa. Os índices de delinquência nas vizinhanças de classe baixa, de onde vinham tais infratores, eram os mais altos e diminuíam na medida em que o estudo examinava vizinhanças de classe média.

Evidentemente, que desde a publicação de tal pesquisa, muitos outros estudos se dedicaram a explorar a chamada "ecologia do crime", muitos criticam as conclusões de Shay e McKay, mas nenhuma pesquisa no campo provou ainda que eles estavam errados. Uma das maiores críticas contra a teoria, feita por Bursik (1988) é a de que, mesmo nas vizinhanças consideradas mais desorganizadas, só uma minoria dos jovens e adultos se envolvem em atividades criminosas. Ainda assim, isso não comprova que tais comunidades não tenham maiores índices de criminalidade quando comparadas com outras de melhor *status* social.

Mas o que caracteriza uma comunidade desorganizada? Nos Estados Unidos, a primeira imagem que surge são a dos guetos nos centros urbanos povoados por negros e latinos. No Brasil, são as favelas e as invasões povoadas por gente de toda cor, todos miseráveis, analfabetos e desempregados.

Bursik conclui então que a teoria de Shaw e McKay, na verdade, não propunha simplesmente que a causa direta dos altos índices de criminalidade são as condições sociais das comunidades urbanas, ou seja: pobreza não é indicativo de criminalidade, mas, sim, que a desorganização social observada nessas comunidades enfraquece os controles sociais informais, desempenhados por instituições como a família, a igreja, a escola, etc., contribuindo assim para os altos índices de criminalidade. (BEATO *et al.*, 2004).

Apesar das críticas, a TDS se mantém como uma das teorias mais respeitadas no campo da criminologia. E os estudiosos concordam que comunidades com alta densidade populacional, má condições de saneamento básico, falta de estrutura urbana e outros fatores sociais, contribuem para a criação da oportunidade e da motivação para o crime e diminuem os vínculos de conformidade tão importantes para o controle social. (BEATO *et al.*, 2004)

Essa teoria é talvez uma das mais importantes no campo da criminologia, porque questiona a razão pela qual as pessoas que compõem a maioria da população carcerária nos E.U.A., no Brasil e no resto do mundo fazem parte da mesma classe social. Diversas outras teorias explicam as causas da criminalidade de indivíduos que pertencem a grupos distintos e ainda, a grande maioria das pessoas, estudiosos ou não, acreditam que o crime é resultado de uma escolha pessoal e racional feita pelo indivíduo que, após calcular os possíveis benefícios ou prejuízos de um ato criminoso, toma uma decisão.

De acordo com a TDS, tal decisão é influenciada por fatores relacionados ao tipo de comunidade em que tal indivíduo vive. O controle social a que Bursik se refere é simplesmente "o que as outras pessoas da sua comunidade vão pensar de você", mas se um indivíduo mora em uma comunidade em que é comum se envolver em atividades criminosas, tal controle não terá qualquer influência na decisão de se cometer ou não um crime; por outro lado, em uma comunidade coesa e organizada, ainda que pobre, na qual os moradores se conhecem e se ajudam, o controle social é elemento definitivo no controle da criminalidade. (COELHO, 2009)

2.6.2. A Escola de Chicago

A Escola Sociológica de Chicago, mais conhecida como Escola de Chicago, surgiu nos Estados Unidos, na década de 1910, num empreendimento de sociólogos norte-americanos que faziam parte do corpo docente do Departamento de Sociologia da Universidade de Chicago, fundado por Albion Woodbury Small (1824-1926).

A ideia não teria vingado, sem o inestimável apoio financeiro do megaempresário John D. Rockefeller (fundador da *Standard Oil*). No período de 1915 a 1940, a Escola de Chicago produziu um extenso e diversificado conjunto de pesquisas sociais, voltado à investigação dos fenômenos sociais que ocorriam especificamente no meio urbano de Chicago/Illinois, nos E.U.A.

Com a formação da Escola de Chicago inaugura-se um novo campo de pesquisa sociológica, centrado exclusivamente nos fenômenos urbanos, que levará à constituição da chamada Sociologia Urbana como ramo de estudos especializados.

Não se pode deixar de mencionar que as raízes da Escola de Chicago, afloraram através de grandes estudiosos do Séc. XIX, como Alexandre Lacassagne (*Marche de la Criminalité en France, 1825-1880*), criador da Escola do Meio Social. Segundo Albergaria (1999, p. 179), esta corrente, apontada por ele como precursora da Escola de Chicago foi uma reação à teoria lombrosiana (criminoso nato), na medida em que proclama a irrelevância dos caracteres antropométricos consagrados pelo célebre cientista italiano, defendendo que a delinquência é fruto de uma série de interações do meio ambiente com o homem. Como o próprio Lacassagne (apud MANNHEIN, 1986) definiu: *Le milieu est le bouillon de culture de la criminalité; Le microbe, c'est Le criminel, un élément qui n'a d'importance que le jour ou trouve le boillon qui le fait fermenter* (o meio social é o caldo da cultura da criminalidade; o micróbio é o criminoso, um elemento que não tem importância senão no momento em que encontra o caldo que o faz fermentar). Assim, "o delinquente é o micróbio que não tem qualquer importância enquanto não encontra a cultura que provoca a sua multiplicação [...] as sociedades têm os criminosos que merecem" ou "*la justice flétrit, la prison corrompt et la societé a les criminels qu'elle merité*" (a justiça desaparece, a prisão corrompe e a sociedade ganha os criminosos que merece) (MANNHEIN, 1986, p. 653).

Émile Durkheim, que emprestou seu nome à escola, considera o crime um fenômeno normal, porque existe em todas as sociedades. Donde faz, entre outras inferições, que:

> [...] *a criminalidade como fenômeno normal não provém de causas excepcionais, mas da própria estrutura da cultura a que pertence* [...] *a criminalidade deve ser analisada segundo uma cultura determinada no tempo e no espaço. Este ponto de vista cultural domina hoje a sociologia americana* [...].
> (ALBERGARIA, 1999, p. 180)

O primeiro grupo de sociólogos da Escola de Chicago foi composto por Albion W. Small; Robert Ezra Park (1864-1944);

Ernest Watson Burgess (1886-1966); Roderick D. McKenzie (1885-1940) e William Thomas (1863-1947). Eles foram os autores do primeiro programa de estudos de sociologia urbana. Nos anos seguintes, outros colaboradores se destacaram: Frederick Thrasher (1892-1970), Louis Wirth (1897-1952) e Everett Hughes (1897-1983).

O aparecimento da Escola de Chicago está diretamente vinculada à explosão demográfica e ao surgimento das primeiras favelas (*Slums*) em Chicago no início do século XX. Por via de consequência, sérios problemas sociais como: o aumento da criminalidade, da delinquência juvenil, o surgimento de gangues de marginais, os bolsões de pobreza e desemprego, a imigração e, com ela, a formação de várias comunidades segregadas (guetos).

Essas dificuldades sociais (então chamadas "patologias sociais") se transformaram nos principais objetos de pesquisa para Escola de Chicago, e com elas a elaboração de teorias e conceitos sociológicos, além de novas metodologias.

2.6.3. Ecologia Humana

Robert Park, considerado um dos maiores estudiosos dos problemas urbanos geradores da criminalidade, Ernest W. Burgess e Roderick D. McKenzie formataram o conceito de "Ecologia Humana", a fim de sustentar teoricamente os estudos de sociologia urbana. O novo conceito serviu de embasamento para o estudo da conduta humana, tendo como identificador a posição dos indivíduos no círculo social urbano. O enfoque ecológico examina se o *habitat* social, compreendido pelo espaço físico e pelas relações sociais, influencia o *modus vivendi* dos seres humanos.

Os estudos sobre Ecologia Humana e a concepção ecológica da sociedade sofreram forte influência do chamado *evolucionismo social*.

Cabe aqui, ainda que de forma sucinta, uma abordagem sobre o Evolucionismo. Coube a Herbert Spencer (1820-1903), filósofo inglês, trazer os estudos evolucionistas (Darwin) para o âmbito social. Sua obra mais importante é o Tratado de Filosofia (*A system of synthetic philosophy*) integrada por onze volumes, onde abre seu estudo com Primeiros Princípios (*First principles*), neste último estão inseridos os princípios de sociologia nos quais se encontram postulados que se mantêm presentes na sociologia atual. Para Spencer, a sociedade é resultado de um processo evolutivo que ocorre em três estágios: 1) evolução inorgânica, é a evolução cósmica ocorrida nos corpos celestes; 2) evolução orgânica, ocorrida a partir do aparecimento da vida; e 3) evolução superorgânica, ocorrida com a formação da sociedade.

Nesse fluxo, a Ecologia Humana defende uma analogia entre os mundos vegetal e animal (natureza), de um lado, e o do outro, o meio social formado pelo homem (na urbe).

Considerando o exposto, é plenamente factível o emprego da Educação Ambiental, com todo o aparato complementar do Direito Ambiental como ferramenta de implantação e transformação na mentalidade cultural e ética de crianças e adolescentes. O que ao final do trabalho será proposto.

A Escola de Chicago teve influência marcante não só no trabalho de Wilson e Kelling (Teoria das *Janelas Quebradas – Broken Windows Theory*), mas em toda geração de estudiosos norte-americanos e ingleses que se dedicaram ao estudo da criminalidade a partir do empirismo e pragmatismo.

A primeira obra a seguir a linha ecológica foi de Park, Burgess e Mckenzie (1928). Eles propugnavam que o delito é fruto da desorganização peculiar às grandes cidades, nas quais se enfraquecem os mecanismos de controle social e se corroem as relações societárias, disseminando-se um pernicioso e contagioso clima de torpeza e corrupção que se propaga facilmente. Por seu turno, a pesquisa mais conhecida é, talvez, a de Thrasher (1927), que listou e estudou 1.313 quadrilhas que atuavam em

Chicago, compostas por cerca de 25.000 membros. Esta investigação inferiu que na referida cidade havia uma área ou zona de quadrilhas (*gangland*). Sendo que este espaço localizava-se na faixa pertencente a fábricas, trens, escritórios, armazéns e outras empresas. Desta constatação, concluiu-se que a criminalidade surgia nos limites da civilização e nas áreas em que são nítidas as deficiências nas condições básicas de vida.

Talvez o maior mérito das teorias ecológicas tenha sido o despertar sobre o impacto criminógeno do caótico desenvolvimento urbano, considerando a forma como se produziu nas grandes cidades norte-americanas no início do século XX.

A criminóloga e socióloga inglesa Barbara Wootton estudou o crime como uma patologia social (*Social Science and Social Pathology*, 1959). Segundo Escobar (p. 302), essa cientista teorizava que prostituição, vadiagem, alcoolismo, pobreza, deterioração física de comunidades, etc. são formas de desvios sociais com efeitos criminógenos. Esta, sem dúvida, é a teoria que mais se aproxima do conceito das "janelas quebradas".

Marshall anota que a grande maioria dos autores norte-americanos e europeus inserem os dois modelos pré-falados dentro da Criminologia do Meio Ambiente, a qual definem como o "estudo do crime, levando em consideração o lugar, o desenho espacial onde ocorre o crime e a vitimização". Neste contexto são iluminadoras as palavras de Marshall: "a criminologia ambiental é relatada nos trabalhos da Escola de Chicago sobre ecologia urbana, a qual desenvolveu a prevenção criminal, bem como as noções de espaço defensável, *target hardening* e mais recentemente o policiamento de tolerância zero." (p. 128-9)

2.7. Teoria das *Janelas Quebradas*

A *"Broken Windows Theory"* (Teoria das *Janelas Quebradas*) foi publicada pela primeira vez em 1982, no artigo *Neighborhood Safe*, de autoria dos criminologistas George Kelling e James Wilson, na revista *Atlantic Monthly*. É baseada exclusivamente em cima de uma análise empírica na constatação da insurgência delitiva nos grandes centros urbanos. A partir das condutas consideradas como meros desvios sociais ou incivilidades, Kelling e Wilson fizeram uma metáfora, a partir do Experimento de Palo Alto/Bronx, de autoria do Prof. Dr. Philip Zimbardo (nos anos 70), psicólogo social da Universidade de Yale que provou que as pessoas, sejam pobres ou não, respondem a estímulos, e se estes forem negativos e incitadores de depredação, independentemente do nível social, se estabelecerá uma relação causal entre desordem e criminalidade.

Entendem que na destruição de um bem que não fosse imediatamente consertado, ao que confirmaria que o Poder Público está ausente para reprimir tal conduta e, principalmente, na própria aceitação da comunidade local pelos pequenos desvios infracionais, estariam instalados os fatores propícios ao entendimento da tácita permissibilidade para a desordem (pichações, depredações, mendicância agressiva, acúmulo de lixo, formação de gangues juvenis, brigas constantes entre os moradores da vizinhança, ou seja, propiciar-se-ia um verdadeiro *habitat* para a prática delitiva).

Kelling e Wilson ensinam que o policial deve se inserir no dia a dia da comunidade, entender os seus percalços, os problemas rotineiros da vizinhança, enfim, deveria fazer parte da mesma para erradicar qualquer manifestação prévia que pudesse ser responsável pelo ensejo da criminalidade. A mínima conduta desordeira deveria ser penalizada, o que não significa somente prisão, mas e/ou multas.

Em rigor, a base da teoria da dupla de cientistas sociais conservadores norte-americanos é que os sinais de desordem (janelas quebradas) provocam uma sensação de abandono. Com isso, oportunistas e contumazes meliantes aproveitam-se desse cenário. Criou-se um clima de insegurança e medo, inibindo os cidadãos e as famílias de ocuparem seus espaços públicos, como praças, campos de esportes, etc.

A proposta é simples e de lógica cartesiana: é melhor prevenir do que remediar. E a prevenção, no caso, inicialmente seria a secundária, com a presença da polícia nas ruas, evitando o crescimento dos pequenos ilícitos, os quais, quando não reprimidos, oportunizam os crimes mais sérios, afetando o controle social.

2.7.1. Policiamento de qualidade de vida em Nova Iorque

A repressão à desordem e aos pequenos delitos já faz parte dos ensinamentos de ilustres autores, como pontifica Michel Foucault, no clássico Vigiar e Punir: "A mínima desobediência é castigada e o melhor meio de evitar delitos graves é punir muito severamente as mais leves faltas" (FOUCAULT, 1987).

Enfrentar os crimes de menor potencial ofensivo (incluídas as incivilidades ou condutas simplesmente desordeiras) é uma forma adequada para evitar a formação de um ciclo que, notadamente, retroalimenta a insurgência criminal.

É necessário buscar novas perspectivas para combater a criminalidade. Revela-se imperioso a mudança de um conceito estritamente repressivo da utilização da norma penal para a implementação de políticas criminais preventivas, balizadas pelo saber criminológico, e afinadas com os anseios da comunidade.

Dentre as alternativas democráticas, destaca-se de início que as polícias militar, civil e guarda metropolitana, além dos bombeiros militares, e mesmo civis, vinculados às empresas de segurança privada, ofereçam aos seus efetivos, oportunidades de conhecerem técnicas de controle social mais modernas e funcionais, como as empregadas em Nova Iorque, Paris, Singapura, Cidade do México, Londres, Boston, para dizer apenas algumas das principais cidades do planeta. A referência é ao policiamento contra os crimes que atingem a qualidade de vida (*Quality Of Life Policing – QOL*). Entre essas formas delitivas, estão basicamente os crimes de rua, aqueles que causam medo na população, como furtos, roubos, estupros, latrocínios entre outros. É basicamente sobre essas modalidades criminosas que as agências de controle social devem focar suas ações, de modo a diminuir até acabar com a sensação de abandono que provocam as janelas quebradas (sinais de deterioração social) na comunidade e a usuários dos serviços. Demais disso, deverão ficar demonstrados que os custos (prisão, processo criminal e penas) para as ações delitivas de oportunistas e reincidentes são maiores que os pretendidos benefícios (vantagens decorrentes do crime), fazendo prevalecer a máxima de que o crime não compensa.

Foi com ações conjuntas e esforços despendidos entre os setores privados e a municipalidade que o então Prefeito *Rudy Giuliani*, ressalte-se, começou a transformar Nova Iorque. Com efeito, a limpeza (higienização das ruas, matéria criticada, pois atingiram direitos constitucionais, como ir e vir etc.) iniciou-se no centro da cidade (*downtown*), precisamente no coração da Ilha de Manhattan, a *Times Square*, em 1994. Naqueles idos, todas as artérias ao derredor e inclusive naquela famosa área nova-iorquina eram repletas de *peeps-shows*, prostitutas com respectivos *caftens*, punguistas, pichadores, gangues juvenis e de adultos, travestis, *flanelinhas* extorquindo motoristas, pequenos traficantes passando *crack* e cocaína, mendigos amedrontando turistas e idosos por dinheiro, enfim todos os tipos de praticantes da conhecida baixa criminalidade.

Em junho de 2009, Giuliani, hoje um renomado consultor internacional, esteve nas cidades do Rio de Janeiro e em São Paulo, nesta última, numa entrevista a Revista Veja, após confirmar que a política de tolerância zero aplicada por ele em Nova Iorque, caberia perfeitamente em São Paulo; discorreu sobre a medição dos índices de criminalidade de cada distrito policial – o que corresponde ao COMPSTAT criado por Jack Maple e Bill Bratton, e implantado a partir da gestão deste último à frente do NYPD – e, ainda, defendendo o pensamento de que pequenas atitudes e medidas simples (no rastro de Malcolm Gladwell in *The Turning Point*, 2008) podem provocar um impacto surpreendente na qualidade e na eficácia da ação policial, em resposta do porquê de ser tão importante combater os pequenos crimes, como a pichação, afirmou:

> *Parto do seguinte princípio: quem não presta atenção nos detalhes não atinge sua meta. Em Nova Iorque, ninguém queria prender o ladrão de rua, só o assaltante que levou 1 milhão de dólares de um banco ou o chefe do tráfico. O problema é que tanto o ladrãozinho quanto o adolescente que picha muros estão diretamente relacionados ao chefão do tráfico. Um leva ao outro. Um só existe por causa do outro. Antes de mais nada, cidades degradadas pela violência precisam resgatar a moral, o respeito. O que é seu é seu, e eu não posso pichar. Ponto. Também não posso roubar, nem quebrar, nem vender drogas, nem morar na rua. Sem valores morais, toda a sociedade acaba no círculo do crime, de uma forma ou de outra. Se o respeito volta, o crime adoece. Assim é mais fácil combatê-lo. Foi dessa maneira que Nova Iorque deixou de ser a cidade mais violenta dos Estados Unidos para, em alguns anos, tornar-se a mais segura.* (Veja, 17 jun. 2009. p. 20)

    O exemplo do policiamento contra os crimes que afetam a qualidade de vida, expressão que William Bratton, ex-comissário de polícia, que na 1ª administração Giuliani – em vez de tolerância zero, cuja autoria atribui à mídia – cunhou e que continua em vigor, pode perfeitamente ser adaptado a São Paulo ou qualquer outra metrópole, como foi em Paris, Londres, Singapura e por último na cidade do México, entre tantas outras. Entretanto, necessita, acima de tudo, que venha abraçado com um programa de ações afirmativas e que respeite os Direitos Humanos das minorias. Coisa que lá não aconteceu, nem ocorre.

Assim, urgem medidas profiláticas que venham ao encontro das necessidades preementes das áreas em decadência, hoje, semi-abandonadas pelo Poder Público, existentes no centro de São Paulo. Adrede, destaque-se que melhores dias se avizinham, mormente, após o início do projeto de parceria público-privada que transformará a área tristemente conhecida como Cracolândia, em um centro de negócios e oportunidades, com a segurança pública e privada, evitando e expurgando quaisquer sinais de deterioração social (*janelas quebradas*).

2.7.2. Cenários urbanos em deterioração social na cidade de São Paulo

A política de combate aos crimes contra a qualidade de vida (tolerância zero), a maior marca da administração do ex-prefeito de Nova Iorque, Rudolph Giuliani, está sendo cogitada pelo governo de São Paulo como uma solução para a crise de segurança que acomete o Estado. A iniciativa, inspirada na teoria das *janelas quebradas*, como dito, vai além da repressão aos delitos contra estética urbana, consiste também em punir qualquer tipo de ilícito – mesmo os delitos mais leves, como pular a catraca do metrô – para dar o exemplo e deixar clara a presença da autoridade. O programa de estratégias, inclusive o *Compstat* (sistema de comparação de estatísticas criminais com vistas à redução em dada região, em São Paulo, sua versão tímida, recebeu nome de INFOCRIM) baixou em 44% a criminalidade na cidade americana. Só os assassinatos caíram 61%, fazendo de Nova Iorque a cidade "mais segura" dos Estados Unidos.

Os governos estadual e municipal paulistas adotaram derivantes da polêmica, porém bem-sucedida, Tolerância Zero, no caso o "Virada Social" e o programa Cidade Limpa.

Para discutir a adoção da política criminal nova-iorquina, a Folha de São Paulo ouviu dois especialistas: o pesquisador do Ilanud (Instituto Latino-Americano das Nações Unidas para a Prevenção do Delito e Tratamento do Delinquente), Túlio

Kahn, e o sociólogo Sérgio Adorno, do Núcleo de Estudos da Violência da USP (Universidade de São Paulo), cujos principais trechos são transcritos a seguir, sem adendos, nem comentários, considerando a opinião dos estudiosos em apreço:

FOLHA – A política de "tolerância zero", que foi implantada em Nova Iorque pelo ex-prefeito Rudolph Giuliani, é aplicável no Brasil?

SÉRGIO ADORNO – Aplicável é, a questão é se é suficiente. Não é suficiente porque não basta ser intolerante com todos os crimes, é necessário investigar e indiciar para chegar a uma condenação. É preciso ir além da tolerância zero. A repressão é insuficiente.

TULIO KAHN – Seria muito ruim, nosso problema básico no Brasil é a falta de confiança da população na polícia. Nos Estados Unidos, a imagem da polícia piorou com a iniciativa, principalmente na periferia. A tolerância zero aumentaria as taxas de encarceramento por delitos leves, e já estamos com nossas prisões atoladas. O programa possuía também outros aspectos, como a recuperação de áreas degradadas, pensando na relação da deterioração do ambiente com o aumento da criminalidade. Isso deveria ser adotado pela prefeitura aqui em São Paulo. Muitos prefeitos jogam a culpa pela criminalidade para os governos estaduais e federais, mas a prefeitura pode fazer muita coisa.

FOLHA – O aumento da repressão aos pequenos delitos traria resultados efetivos na redução da violência?

ADORNO – Pode trazer resultados, mas é insuficiente. Reprimir os pequenos delitos e não reprimir os grandes não resolve nada, embora os

crimes tenham características diferentes e precisem ser tratados de forma específica.
KAHN – O aprisionamento tem rendimentos decrescentes. Enviar para a cadeia pessoas que cometeram delitos leves, muitas vezes não é eficaz. Cada tipo de crime merece um tratamento à parte. Mas dar uma maior atenção a alguns casos que não são tão bem atendidos, como a investigação de furtos, aumentaria a credibilidade da polícia e diminuiria a sensação de impunidade.
FOLHA – Em Nova Iorque, essa política ficou associada à redução da criminalidade, mas também ao aumento de ocorrências de abuso policial. Como esse tipo de problema poderia ser evitado no Brasil?
ADORNO – Teria que ser evitado com uma política rigorosa de contenção da violência policial, interna, pela própria polícia, e externa, pela sociedade civil. As ouvidorias, a imprensa e os movimentos em defesa dos direitos humanos são importantes para isso.
KAHN – Seria bom melhorar a imagem da polícia primeiro. Uma das formas de fazer isso é aumentar o policiamento comunitário. Sabemos que em bairros onde esse tipo de policiamento existe, a imagem da polícia é melhor. A criminalidade caiu sistematicamente nos Estados Unidos há uma década quase em todos os Estados. Isso está relacionado a fatores nacionais, de ordem demográfica e ao aumento da renda, por exemplo. (Folha de S. Paulo, 26 jan. 2002)

Não é nova a controvérsia quanto à aplicação da política criminal conhecida como Tolerância Zero. Grandes nomes, como Löic Wacquant, Luigi Ferrajoli, Eugenio Zaffaroni e, entre os brasileiros, Miguel Reale Jr., Theodomiro Dias Neto, dentre outros, criticam severamente a novel estratégia implantada pelo então comissário William Bratton, da polícia de N. Iorque, sob a égide da teoria das *janelas quebradas*.

De outra banda, vários são os simpatizantes de peso em favor do policiamento das janelas quebradas, dentre eles: Wesley Skogan, Jesus-Maria Silva Sanchez, Gunther Jakobs, entre muitos.

Harford (2009), economista inglês e colunista do *Financial Times* defende que, ao contrário do que parece, tudo o que está relacionado ao comportamento humano encobre uma racionalidade que pode ser explicada pela teoria econômica. Ao analisar situações em locais diferentes, como num cassino de Las Vegas, ou um encontro de solteiros no Soho, em Nova Iorque, Harford mostra que todos somos, de fato, surpreendentemente lógicos. Para ele, há sempre um motivo razoável e justificável para tudo, mesmo quando uma prostituta concorda em fazer sexo sem proteção, ou um adolescente delinquente se envolve em um roubo. Para tanto, usa conceitos da chamada "nova economia" para solucionar questões como melhorar as condições da vida de todos, e mesmo no particular:

> *A nova economia é uma forma econômica de pensar. É perceber que tomamos as nossas decisões pesando os custos e os benefícios, os riscos e as recompensas, e fazemos isso sem "saber" realmente.*
> *Não pensamos economicamente só quando vamos às compras, pensamos dessa forma sobre o amor, vícios e política.*
> *As pessoas estão todo o tempo calculando, às vezes inconscientemente, sobre os efeitos de suas ações. Não estou dizendo que as pessoas são egoístas, ou que elas gostam de dinheiro – não estou dizendo o que elas querem. Mas seja o que for que elas querem, agem de um modo surpreendentemente racional para conseguir.* (http://g1. globo.com/Noticias/ Economia_Negócios, 02 nov. 2009)

O posicionamento dos estudiosos que propugnam pelo endurecimento da pena e a consequente aplicação da *teoria econômica do crime* (Becker: 2001), ou seja a equação do *custo* (chances de ser preso e/ou ser condenado) – *benefício* (vantagens auferidas ilicitamente) notadamente tendem a encarar a impunidade como a maior responsável pelos altos índices do crime. Talvez, seja, porém não se pode olvidar a repercussão na vida social, em especial, nas comunidades menos privilegiadas da conjuntura econômica.

Inegavelmente, o fator econômico influencia, sobremaneira, na criminalidade. Sendo este o item que servirá como modulador de qualquer política de prevenção criminal primária séria que tencione mitigar os problemas da violência e exclusão social.

Veja-se, por exemplo, uma breve abordagem quanto as despesas provocadas pela violência. Em rigor, as cifras econômicas da criminalidade são, normalmente ignoradas pela grande maioria da sociedade. A análise desses números permite descobrir, por exemplo, quanto cada agência para o cumprimento da lei (polícia federal, civil, militar e guarda metropolitana) gasta no enfrentamento do crime. Assim como, o montante gasto pelo poder judiciário, ministério público e o sistema prisional com cada preso.

Não é só. Os gastos com a violência abrangem: os gastos da saúde com vítimas de eventos violentos intencionais ou não; o tratamento com viciados e alcoólatras; os custos indiretos com a sociedade que perde mão de obra, vitimada pela criminalidade; as perdas do turismo, em razão da violência explícita de algumas zonas e até cidades; a desvalorização de imóveis localizados nas áreas marginalizadas e vizinhanças e, por último, quanto a Previdência Social dispende com as vítimas?

O Município é o primeiro elo dessa cadeia de gastos com violência, quer pela proximidade da vítima ou de seus parentes, quer pelo sentimento de assistencialismo que impera nas mentes das populações carentes, que entendem que a Prefeitura deve custear desde o botijão de gás até a cirurgia do filho que quebrou a perna, vítima de atropelamento por motorista não identificado.

Todos esses argumentos constituem o chamado *capital humano*, conceito desenvolvido pelo Nobel de Economia (1968), Gary Becker, através da mencionada *teoria econômica do crime*. Dentre os diversos fundamentos, Becker ensina que as despesas com educação constituem investimentos para manter ou aumentar o capital representado pela capacidade produtiva individual. Neste curso, o parâmetro da valoração dos custos indiretos é a contribuição de cada pessoa à formação de riquezas. Assim, quando alguém morre ou fica incapaz, a sociedade perde aquele percentual de riqueza que foi deixado de produzir. Ainda com supedâneo nessas balizas, convencionou-se calcular, para efeitos dos custos indiretos das mortes prematuras sejam naturais (inanição etc.), acidentais ou incidentais, os Anos Potenciais de Vida Produtiva Perdidos (APVPs).

Não há dúvidas também que em cenários urbanos em crescente deterioração humana, como a Cracolândia, registra-se um altíssimo percentual de perdas de vidas produtivas. Estas últimas, além de incorrerem em franca corrida suicida, ainda provocam gastos aos aparelhos públicos e instituições, incumbidas de reprimí-las, tratá-las e encaminhá-las de volta para um ciclo sem fim, levando a atividade estatal a mesma condição de Sísifo, em sua trágica sina.

Em arremate, ficou claro, que os fatores econômicos devem estabelecer o mote da ação governamental, em qualquer esfera. Assim, como que a prevenção, através da educação inclusiva e ambiental é o melhor caminho para enfrentar a baixa criminalidade que destroem as estruturas desses cenários em franca deterioração social.

2.7.3. Teoria da transgressão racional

No primeiro capítulo de "A lógica da vida", Harford, o economista retrocitado relata seu espanto ao ver o Nobel, Gary Becker estacionar o carro irregularmente em um *shopping center* em Chicago. Becker, ele explica, comparou o ganho de não precisar pagar por uma vaga ao custo do risco de levar uma multa. É o que ele chama de "transgressão racional". A mesma lógica se aplica (com ponderações, evidentemente) à criminalidade. Usando pesquisas realizadas pelo também economista Stephen Levitt, – um dos autores do *best-seller* "Freakonomics" – Harford aponta que os índices de criminalidade são menores em sociedades nas quais as leis e as punições são mais rígidas.

> *Não estou dizendo que tudo o que você precisa saber sobre crime é que prisão funciona. Tem muitos outros fatores. O que eu digo é que uma das coisas que precisam ser levadas em consideração são os cálculos de custo e benefício. Mesmo os criminosos de 15 anos estão muito cientes dos riscos e levam isso em consideração na hora de cometer um crime ou não".* (Harford, 2009)

Concluindo, veja-se a opinião do Procurador-de-Justiça do Rio Grande do Sul, Rubin (2008), sobre a viabilidade da implantação ou não do policiamento das *janelas quebradas* em cidades brasileiras, mercê da explosão da criminalidade, e o crescimento da tendência pelo Direito Penal Mínimo (que propugna a menor presença da pena nas relações sociais):

> *Quando se está às voltas com índices de criminalidade que há muito já ultrapassaram o limite do tolerável, não se pode ignorar exemplos vitoriosos de combate à criminalidade. O exemplo americano, pois, deve, no mínimo, ser levado em consideração. A desordem é, comprovadamente, fonte de criminalidade e deve ser rigorosamente combatida. O pensamento que se convencionou chamar de "Direito Penal Mínimo" peca ao considerar como dignos de proteção pela norma penal apenas condutas que*

configurem atos de violência grave exercida contra a pessoa, atuando, portanto, apenas repressivamente, e não preventivamente em relação à criminalidade violenta. A norma penal deve proteger, também, aqueles bens cuja violação gera desordem, medo e, mais tarde, criminalidade. (http://jus2.uol.com.br/doutrina/texto. 10 jun. 2008)

Na sequência, após essas considerações preliminares, nas quais são nítidas as divergências quanto ao endurecimento da repressão, e afinidades no que toca a ação policial, serão feitos comentários sob a ótica da teoria das *janelas quebradas* e educação ambiental sobre um dos mais graves e emblemáticos cenários em degradação social da capital paulista: a Cracolândia.

2.8. CRACOLÂNDIA E A VIRADA SOCIAL – SÃO PAULO

Figura 2: Menores usuários de *crack* em plena Cracolândia.

Nos bairros da periferia, assim como nos centros das grandes cidades, onde há áreas em crescente decadência física, a violência deu um grande estímulo para pior aos frutos da arquitetura que só a pobreza e a ausência do Poder Público são capazes de produzirem. Assim ocorreu na região próxima à histórica Estação da Luz, no centro de São Paulo, conhecida como Cracolândia. As janelas dos antigos prédios e casarios, que ainda eram habitadas ou funcionavam como ponto comercial, ao mesmo tempo, ganharam grades através das quais os moradores enxergam o mundo e a possibilidade de sobrevivência. Nunca mais a comunicação foi a mesma. Ficou limitada a olhares de desconfiança e medo, de um lado e de outro, como se a espontaneidade passasse a ter um preço impraticável de ser pago, porque pode custar a vida.

Segundo a Wikipedia:

> *Cracolândia (derivação de* crack*) é o nome dado informalmente a determinada região dentro do bairro de Santa Ifigênia, no qual se desenvolveu um intenso tráfico de drogas (daí o nome da região) e redes de prostituição. Recentes projetos públicos (apelidados de forma geral com a expressão Nova Luz), porém, têm destinado incentivos para reconfiguração e requalificação da área, como a isenção no IPTU para imóveis com valor venal de até R$ 300 mil, desde que seus donos recuperem suas fachadas após a adaptação às regras da Lei Cidade Limpa.* (HTTP://pt.wikipedia.org/wiki/Santa_Ifig%C3%AAnia visitado em 05. jun. 2009)

Antes do início da revitalização da Cracolândia, os comerciantes que por lá continuam a laborar, corriam sérios riscos, diante da ameaça constante de delinquentes juvenis e adultos, prostitutas, travestis, pequenos traficantes, punguistas e grupos de assaltantes que, juntamente com usuários de *crack*, brotavam e infestavam como ervas daninhas. Era o império da desordem, dos *crackeiros*: reinava a anomia.

2.8.1. Tolerância Zero, da *Times Square* à Cracolândia a mesma estratégia: não permitir os menores ilícitos sob pena de estimular crimes graves

Figura 3: Bairro de Sta. Ifigênia/São Paulo, onde está encravada a *Cracolândia* e a *Boca do Lixo*, duas áreas que o Poder Público está reordenando através de parcerias público-privadas e outras medidas.

Antes conhecida como "Boca do Lixo", a Cracolândia é uma região da área central de São Paulo marcada pela violência em suas diversas formas. Durante o final da década de 60, com o surgimento do chamado *cinema marginal*, houve um crescente desenvolvimento da atividade cinematográfica nesse espaço. Diversas produtoras e alguns cinemas lá surgiram nessa época. Todavia, fatores como popularização dos videocassetes (hoje DVDs), a falta de investimentos e políticas públicas transformou aquele quadrilátero num dos mais deteriorados, perniciosos e violentos da capital paulista.

Em boa hora a municipalidade resolveu consertar essas *janelas quebradas*. Seguindo o exemplo do ex-prefeito de Nova Iorque, Rudolph Giuliani, o chefe do Executivo paulistano, tenciona transformar a antiga Cracolândia, com a ajuda da iniciativa privativa, em moldes bem parecidos com os usados naquela metrópole em apreço, que se iniciou na *Times Square*, alcançou a *Broadway*, e expandiu-se, depois, para as demais artérias do centro da cidade, englobando toda a Ilha de *Manhattan*, inclusive a antes temida área habitada predominantemente por negros e latinos: o *Harlem*.

O projeto paulistano ainda está na sua fase inicial, mas de logo, merece os aplausos pela coragem e visão do Poder Executivo

2.8.2. Embasamentos

Hobbes (1999) entendia o poder absoluto do Estado não como um fim em si mesmo, mas como o veículo para a realização plena dos direitos individuais básicos (direito à vida, à liberdade, etc.) e direitos civis.

Segundo o seu ponto de vista, o maior direito do Estado Absoluto é seu poder de criar um ambiente no qual o indivíduo possa buscar seus fins naturais. Nisto Hobbes é igual a Platão (2008).

Hobbes (1999) dizia que a Segurança dos cidadãos é o sentido da existência do Estado.

John Locke citado por Nisbet (p. 152) defendia que a legitimidade do Estado reside não somente em propiciar segurança e paz social aos seus cidadãos, mas também em promover e fazer respeitar o consenso político e social existente entre todos os seus membros.

Na realidade, a questão da segurança pública confunde-se com a própria origem e razão de existir do Estado. É que, segundo a Teoria do Pacto Social, de Rousseau (1993), o motivo-mor que levou as pessoas a viverem em comunidade, abrindo mão de certas liberdades individuais em prol de um organismo que os representaria foi justamente a questão da garantia da segurança dos grupos de indivíduos.

É que nos primórdios as pessoas viviam em grupos familiares, onde prevalecia a autodefesa como meio de garantia da segurança. Vigia a lei do mais forte. Com o fluir do tempo, e com o crescimento desses grupos, os indivíduos passaram a indicar uma pessoa ou um pequeno grupo que os representariam, e em relação às quais se submeteriam, abrindo mão, parcialmente, de suas liberdades individuais. O principal compromisso destes escolhidos era cuidar da segurança e da proteção de todo o grupo, tanto em relação aos conflitos internos quanto em relação aos externos. A partir daí a sociedade foi evoluindo até as formas mais modernas de Estado, mas a função precípua de proteção aos seus nacionais jamais foi retirada do Estado, em nenhum dos ordenamentos jurídicos, em qualquer parte da Terra.

Deste modo, a proteção real da sociedade é atribuição intrinsecamente ligada à própria razão de ser do Estado. E nem poderia ser diferente, pois se o Estado não se prestasse à garantia da segurança do indivíduo, teríamos um caos social, com o império da lei do mais forte, e não haveria ambiente para a vida em sociedade nos moldes atuais.

Nos últimos cinquenta anos, com o advento da descentralização, o Estado do chamado Primeiro Mundo passou a dividir esta tarefa (Segurança Pública) com as demais unidades da federação (Estados e municípios). No Brasil, em que pese a Constituição de 1988 estabelecer como dever do Estado (União) garantir a segurança pública, o Governo Federal, diante dos imensos óbices e desafios que é preservar a ordem pública numa nação continental como a nossa, valeu-se do art. 144 – "A segurança pública, dever do Estado, direito e responsabilidade de todos [...]" – e convocou os Estados-membros e os municípios para também garantir a segurança de todos os que nele se encontrarem.

Com efeito, é através da política de segurança pública que o Estado tem como garantir as inviolabilidades da lei. Na realidade, aproveitando a Teoria de Sistemas de Luhmann (LUHMANN, 1997), podemos dizer que o Subsistema da Segurança Pública compreende todo um conjunto de instituições e ações, na esfera político-administrativa, judicial e legal. Contudo, é através do poder de polícia do Estado que se concretizam de maneira mais eficiente as ações de segurança pública.

Inegavelmente, malgrado os esforços das autoridades, o Estado está perdendo a guerra contra a criminalidade massiva (das ruas) e a organizada. Todos os dias, especialistas e oportunistas aparecem com soluções para mitigar esses grandes males. Não há mágica. A solução, seja qual, for passa pela efetiva prática da prevenção criminal primária (proativa) e secundária (reativa), não se esquecendo da terciária (reeducação prisional).

Por sua vez, o policiamento comunitário já provou sua eficiência, e dele surgiu o *Quality of Life Policing* (Policiamento da Qualidade de Vida), criado por Kelling e Wilson e implantado há 15 anos na metrópole nova-iorquina, com retumbante sucesso contra a criminalidade de rua.

Com efeito, de Nova Iorque surge, porém, uma orientação de política criminal, que muito mais que uma esperança é uma realidade, quanto à eficiência no combate ao crime. O Policiamento dos Crimes contra a Qualidade de Vida, baseado na Teoria das *Janelas Quebradas*, possibilita uma análise da criminogênese, demonstrando a necessidade de se prevenir pequenas infrações legais no contexto social, por mais irrelevantes que pareçam não-lesivas a bens jurídicos. Trabalha-se a correlação entre desordem e criminalidade.

2.8.3. Casuística entre a Desordem e a Criminalidade

Não há como negar a íntima conexão entre condutas consideradas como incivilidades, por exemplo, mendicância, vadiagem e pichações, com os crimes que merecem efetiva reprovação da norma penal. É certo também que a omissão ou tolerância dos agentes da lei quanto ao cumprimento dela podem ensejar contravenções e daí, chegar-se-ia aos delitos mais cruéis.

Não custa lembrar que Pablo Escobar, o maior traficante de cocaína do mundo nos anos 80, começou a sua carreira criminosa violando e furtando túmulos em *Medelín*, na Colômbia. Um exemplo local é *Marcola*, o líder do famigerado PCC--Primeiro Comando da Capital (facção criminosa dos presídios paulistas), o qual iniciou sua vida delitiva como punguista na Baixada Santista.

Num Brasil, repleto de abismos sociais, favelas e ilhas de prosperidade, há vários exemplos de ambientes onde a tolerância aos delitos menores (prostituição, pequenos furtos, pichações, vandalismos e abuso de drogas) gerou um clima de violência e incidência de crimes sérios, inclusive hediondos, como o tráfico de drogas e latrocínios. Um caso clássico e recente é o da área da "Cracolândia". Coutinho (2009), em pertinente artigo, lembra que, em 1995, Rubens Adorno, professor associado do Departamento de Saúde Materno Infantil da Faculdade de Saúde Pública da USP – Universidade de São Paulo, a respeito da área em cotejo, observou:

> *O que mais nos chamou a atenção era o uso totalmente aberto do* crack. *Se por um lado isso chocava, por outro havia uma grande indiferença por parte daqueles que passavam, comenta o professor. Adorno lembra o caso de um adolescente que estava deitado na calçada no final da rua Barão de Itapetininga e foi dado como morto. De repente, chegou um policial e disse que se tratava apenas de "um vagabundo que usava drogas". Inconformadas, as pessoas chamaram ajuda para o garoto e ouviram a mesma resposta da equipe de resgate: "é só um vagabundo drogado". "Ou seja, crianças, adolescentes e jovens na região central da cidade, usando* crack, *deitados nas calçadas por horas não eram considerados um problema para as instituições da cidade. Tratava-se apenas de "vagabundos que usavam* crack": *uma política de evitação social, como se eles não fizessem parte do contexto.*

Dentro da ótica de Wilson e Kelling (1982), corroboram tal perspectiva o descaso do aparato policial no combate aos pequenos ilícitos, haja vista a preocupação somente no combate aos chamados crimes sérios (roubo, sequestro, latrocínio, etc.), não devendo se inquietar, por exemplo, com meras perturbações de vizinhança ou condutas desordeiras de mendigos ou mesmo pichações.

Verifica-se uma necessidade antiga, nem por isso de menos importância, para se desenvolver esforços contra incivilidades e pequenos desvios comportamentais. Medidas profiláticas que, se tomadas a tempo, evitariam a perda de vidas e a deterioração daquelas áreas urbanas.

Quais os custos econômicos da violência e do abuso de drogas naquelas artérias para o Poder Público? Ninguém jamais os calculou em toda a extensão. E os lares desfeitos, o surgimento de uma legião de viciados e mortos-vivos que cambaleiam e quando sóbrios assaltam e matam inocentes para obter ganhos com fins de conseguir o *crack*?

2.8.4. A Cracolândia não acabou... Mudou de endereço!

Figura 4: Os jovens continuam se drogando livremente no centro de São Paulo, em especial, na rua Guaianazes, muitas vezes à luz do dia, e à noite, após às 20h00, é muito perigoso passar em tal artéria, mercê de ataques dos *crackeiros* ávidos por dinheiro para superar a "noia" (crise de abstinência) que os afligem.

Antes da deflagração da operação policial, ainda em andamento, na Cracolândia e adjacências, a ação da polícia contra traficantes na região central de São Paulo era considerada como tímida, segundo relatório do Ministério Público de São Paulo (2008).

É notório que o tráfico existe na Cracolândia e demais áreas vizinhas; logo, é lá que a polícia tem que intensificar sua atuação até para descobrir quem está levando a droga. O relatório do Ministério Público (2008) mostra que não há prisão de traficante em flagrante. O *crack*, como sabido, é uma droga barata, muito mais nociva e devastadora que outras substâncias capazes de provocar dependência física e ou psíquica. Mormente, em razão da rapidez com que vicia o usuário, é o grande mal da atual sociedade pós-industrial brasileira – a explosão de *crack* nos E.U.A. terminou no final dos anos 90 – ou, como denomina Beck, da *sociedade de risco*. (BECK, 2002).

2.8.5. Políticas sociais e econômicas em andamento

De olho na privatização da Cracolândia, o governo desenvolve um Programa de Incentivos Seletivos, cujos benefícios deverão garantir a presença, na região, de grandes empresas do setor de serviços. A diretriz foi estabelecida pela Lei n° 14.096/05, com a intenção de transformar a região, combinando-se a um conjunto de obras de requalificação de logradouros públicos da Nova Luz, já em curso, que trará melhorias na iluminação pública, no tratamento de calçadas, na arborização de ruas e praças, incluindo também, em consonância com a Lei de Incentivos Seletivos citada, uma galeria de dutos para cabos de fibra óptica, especialmente importante para empresas de gerenciamento de dados.

Outro importante passo é a aplicação da Concessão Urbanística à região da Nova Luz, que está autorizada pela Lei n° 14.918/09, onde estão definidos o perímetro da intervenção urbanística e as diretrizes específicas a esta concessão.

Aguarda-se que a concessão urbanística seja promovida após o competente procedimento licitatório, a qual terá por base um projeto urbanístico específico que detalhará a intervenção a ser realizada. O esperado projeto compreenderá ainda a elaboração de estudos de viabilidade econômica e da situação fundiária da área; estudos de impacto ambiental ou de vizinhança. Além de uma avaliação dos custos e benefícios sociais, urbanísticos e ambientais da intervenção urbana a ser realizada.

2.9. Sugestões

> *Praticar a discriminação racial significa dar o mesmo tratamento aos da mesma cor e conceder partes desiguais aos que não são iguais quanto a esta característica.* (Norberto Bobbio)

Figura 5: Viciados usando e traficando *crack* na região da Cracolândia, à luz do dia.

Não será apenas agindo de forma repressiva, expulsando ou colocando temporariamente fora de circulação, viciados e passadores de *crack*, entre outros tipos que circulavam na Cracolândia e que agora estão nas ruas vizinhas como Vitória, entre outras, que o grave e complexo problema da segurança urbana será resolvido. Há necessidade da ação de especialistas que adotem um modelo preventivo, porém com capacidade de se antecipar aos fatos delituosos e reagir rapidamente quando positivados. O que implica na criação de gestores de segurança pública com conhecimento de política criminal, planejamento operacional e gerenciamento de conflitos.

Em seguida, faz-se premente a formação de gestores de Políticas Públicas, que são justamente a base da prevenção criminal primária, – cujos frutos são colhidos sempre a médio e longo prazo – estratégia pouco aplicada pela administração pública, que é quase sempre imediatista e afeita a medidas eleitoreiras. Caberá a esses gestores, entre outros misteres, administrar ações afirmativas, traçar diretrizes a serem cumpridas pelas ONGs, OSCIPs e mesmo entidades públicas que estejam atuando no Terceiro Setor, naquela região. Não há dúvidas de que são as atividades culturais, esportivas, profissionalizantes e de conscientização cidadã que farão a diferença para melhor, notadamente para jovens em situação de risco social. Estes jovens, verdadeiros fins e reais protagonistas da mudança para melhor em suas comunidades. A partir da instrução setorizada e gerenciamento das ações afirmativas, esses moços já treinados, ajudarão os gestores a propagar conteúdos de cunho moral, ético, de preservação ambiental, prevenção ao abuso de drogas, inclusive álcool, prevenção às doenças sexualmente transmissíveis, combate a pirataria, homofobia, entre outras posturas a serem incentivadas de forma transversal e interdisciplinar, porém sistematicamente, em escolas e entes privados e públicos voltados à assistência às minorias e populações de baixa renda.

Desse modo, a formação de gestores de segurança pública com capacidade de administrar conflitos e elaborar projetos de prevenção criminal primária (ações proativas e afirmativas) e secundária (ações reativas: repressão) terá fundamental papel para assimilação e difusão desta novel e bem-sucedida política criminal baseada na teoria das *janelas quebradas*, na medida em que aprenderão que, conhecendo o contexto delitivo, planejarão os meios necessários ao seu controle e, por conseguinte, traçarão eficientes programas de política criminal.

Agindo assim e encetando outras medidas proativas e reativas que são necessárias, uma Nova Luz brilhará e sepultará a infausta Cracolândia, dando azo a uma região ordeira e progressista, como se transformou toda a *Manhattan*, inclusive o *Harlem*, em Nova Iorque. Essa política criminal deverá ser aplicada às demais áreas, inclusive periféricas, nas quais a deterioração social e violência estejam afetando a vida da comunidade, dando suporte para que técnicos e policiais enfrentem com êxito a criminalidade massiva, com repercussões na prevenção aos crimes mais sérios, até mesmo, a formação e aliciamento de jovens pelas quadrilhas e organizações criminosas.

2.10. Cenários urbanos em deterioração social na parte pobre de Nova Iorque e as exitosas parcerias público-privadas

Na década de 80, havia algumas comunidades em Nova Iorque, notadamente, formada por minorias negras e latinas com sérios problemas de falta de infraestrutura, educação deficitária e insegurança nas ruas, gerada, basicamente pelo abuso e tráfico de drogas. Destacavam-se: *Washington Heights* entre a 155th *Street* e a *Dyckman (200th) Street*, cujas gangues de traficantes terrivelmente violentas enfrentavam a polícia, até o início da Tolerância Zero comandada pelo comissário *Bill* Bratton (1994-1996) que as aniquilou, colocando todos os celerados atrás das grades por longo período; *Bushwick* e

Williamsburg (comunidades do *Brooklyn*), conhecidos mercados de drogas na década de 70, e por essa razão lugares muito perigosos para viver, também diminuíram o tráfico e os crimes correlatos nos anos 90. Richard Curtis (1998) entende que a violência não diminuiu tão acentuadamente nessas áreas por conta das mudanças estruturais ou estratégias do Departamento de Polícia de Nova Iorque (NYPD), mas pelas escolhas feitas pelos membros da comunidade.

Figura 6: Melrose Communs, South Bronx-NY, em 11 jan. 2009

A rejeição, por parte dos residentes mais jovens, da cultura da violência e das drogas estão entre os fatores que Curtis cita como causa do declínio das taxas de crimes sérios. (CURTIS, 1998).

Friedman (1998) defende que o papel de grupos de bairro tem sido ignorado entre as causas da queda da criminalidade nos E.U.A., nos anos de 1990, mormente em Nova Iorque. Para ele, há participação dos norte-americanos nas atividades comunitárias organizadas sobre segurança. Ainda segundo sua pesquisa, tais ações cidadãs totalizam em torno de quatro bilhões de horas por ano, o que significa uma força vital na informação, contenção e resposta à criminalidade na comunidade.

Bratton e Kelling (1998) entendem que a redução da violência em Nova Iorque é resultado direto dos esforços da polícia em perseguir ações desordeiras, aparentemente pouco relevantes (Tolerância Zero), sendo o motivo principal da interrupção do ciclo da criminalidade. Declínio este que continua até a presente data, na maioria dos delitos.

Adicionem-se a essas localidades, que melhoraram de forma clara e evidente a qualidade de vida da população, os bairros do *Harlem* – o que mais modificou para melhor a vida de seus moradores – e o *Bronx*. Neste último, ainda se concentram os mais significativos focos de violência, tráfico de drogas e deterioração social de Nova Iorque, bem como os mais recentes esforços financeiros da Prefeitura local, que destinou a megaverba de US$ 2,5 bilhões para investimentos em infraestrutura, educação, construção de moradias, meio ambiente, saúde e expansão do *Yankee Stadium* (o mais famoso templo de beisebol dos E.U.A.), entre outros fins. Por esse motivo, é o escolhido para a abordagem e comparações com a Cracolândia, a mais expressiva área decadente paulistana.

2.11. SITUAÇÃO GEOGRÁFICA

O *Bronx* (Condado de Bronx) é um dos 62 condados do Estado de Nova Iorque, e um dos 05 distritos (*boroughs*) da capital novaiorquina. Situa-se numa superfície com cerca de 109 km^2 (área total de 147 km^2), e conforme o Censo de 2008, possui uma população de 1.391.903 habitantes e densidade populacional de 12.770 hab/km^2.

2.11.1. Origens

Em 1639, o sueco Jonas Bronck tomou posse do território no qual surgiria o futuro *Bronx*, lá instalando uma fazenda. Naqueles idos o local ficou conhecido por *Terra de Bronck* (*Bronck's Land*) e depois *Bronx*.

2.11.2. Relação entre a criminalidade e a pobreza

Como toda metrópole, Nova Iorque tem inúmeros problemas, que todavia são muito maiores do que em outras grandes cidades americanas, agravados pela imensa população de mais de oito milhões de habitantes. Os principais incluem a pobreza, o desemprego, a criminalidade, o tráfico de drogas e conflitos étnicos e raciais.

Os índices do crime foram um grande problema na cidade, até a eleição do Prefeito Rudolph Giuliani, em 1994. Durante os seus dois mandatos ao longo dos anos 90, apoiado na teoria das janelas quebradas, e no comissário de polícia William "Bill" Bratton – indicado por George Kelling para o cargo, a municipalidade conseguiu reduzir os números do crime para cifras apenas vistas no início do Século XX, quando a população de Nova Iorque era inexpressiva, considerando as grandes cidades do mundo.

As cifras de criminalidade em Nova Iorque (crimes por 100 mil habitantes) é atualmente a menor entre cidades com mais de um milhão de habitantes nos E.U.A. e a quarta menor entre cidades com mais de 500 mil habitantes (http://www.nyc.gov/html/nypd/html/home/home.shtml, 2008, visitado em 06 ago. 2010).

O policiamento de qualidade de vida – vulgarmente conhecido como Tolerância Zero – prossegue ao longo de quinze anos de êxito, quanto ao controle da criminalidade, especialmente os crimes de rua, porém, devido à grande população, aumentada pela flutuante, ainda existe um número expressivo de vítimas de crimes anualmente e sua maioria ligadas diretamente com o tráfico e abuso de drogas ilícitas.

Por outro lado, a Associação Nacional para o Avanço dos Povos de Cor (NAACP – *National Association for Advancement of Colored People*), a maior organização de defesa dos direitos civis das minorias nos E.U.A., desde o início do governo Giuliani – e muito mais naquele período – acusa o *New York Police Departament* de, adotando a Tolerância Zero, perseguir negros e latinos, além de outras minorias. Aliás, o preconceito continua sendo um dos grandes males da poderosa nação norte-americana de maioria branca.

2.11.3. O Projeto do Centro do Bronx (*The Bronx Center Project*)

Não Mude, Melhore

Figura 7: Prédios residenciais para pessoas de baixa renda, antes e depois da revitalização comandada pelo Projeto do Centro do *Bronx* (*Bronx Center Project*) amparado na comunidade (*site* www.nosquedamos.org).

2.11.3.1. Antecedentes

A comunidade de *Melrose Commons*, composta basicamente por porto-riquenhos e seus descendentes, além de negros e outras minorias latinas, considerados todos de baixa renda (menos de 12 mil dólares anuais), mobilizou-se em resposta a um plano de habitação patrocinado pela Prefeitura de Nova Iorque, em agosto de 1990, que tencionava deslocar cerca de 250 famílias de suas casas.

Os moradores de *Melrose* configuraram uma nova estratégia de requalificação e organizaram o Comitê *Nos Quedamos/We Stay* (mais tarde tornou-se uma ONG com o mesmo nome), defendendo que não iriam sair de suas residências. Ou seja, "nós ficamos" (em espanhol: *nos quedamos*; em inglês: *we stay*). Partiram então para a concepção de uma cidade habitável. Eles começaram a se reunir com arquitetos, planejadores e funcionários de agências de fomento da cidade para trabalharem sua visão para melhorar a qualidade de vida do bairro.

Figura 8: Um dos poucos prédios residenciais ocupados, com flagrantes sinais de deterioração em Melrose Commons/South Bronx em 12 jan. 2009.

2.11.4. Como funciona

O projeto do centro do *Bronx (Bronx Center Project)* é, antes de tudo, um plano de ações com base na comunidade para revitalizar uma área de 30 quarteirões gravemente deteriorada do *South Bronx*, sendo inédito em método e abrangência. Como um plano multidisciplinar, o projeto é, em rigor, um programa, porque engloba uma gama de diferentes projetos, como de desenvolvimento econômico, saúde, serviços, educação, cultura, habitação e transporte. O programa de revitalização da comunidade foi orçado em US$ 2 bilhões. Subjacente a projetos específicos nestas áreas houve quatro princípios básicos que incorporaram os valores, desejos e esperanças dos participantes do Centro do *Bronx* a adjacências como *Melrose Commons, Melrose Parks* entre outras, na fase de planificação e execução.

Em cada uma das áreas do programa Centro do *Bronx (Bronx Central)* estão em curso várias atividades de projetos, dentre as quais se destacam:

1. Criação de bolsa de trabalho na comunidade para que os moradores do Centro do *Bronx* possam garantir empregos, permanentes e temporários, em novos projetos de edificação na localidade;

2. Ampla reforma do edifício da Suprema Corte, que foi desocupado há mais de 25 anos, e a conversão dele em Centro de Planejamento do *Bronx*, com instalações para abrigar oficinas de planejamento da comunidade, exposições e ainda para servir como um centro de reuniões de interesse coletivo;

3. Concepção de alternativas de desenvolvimento comunitário para serem incluídas no novo edifício da Suprema Corte, como a instalação de creches, uma loja para produtos feitos pela comunidade, centros de

reabilitação, uma escola, biblioteca, centros de alfabetização e educação para adultos;

4. Desenvolvimento de um plano de residentes na comunidade para a reutilização da área do Terminal do Mercado do *Bronx* e a área no entorno do Estádio dos *Yankees;*

5. Elaboração de uma proposta de financiamento para a criação de três escolas de ensino médio temáticas no Centro do *Bronx*. Uma delas, voltada às áreas de Direito, Governo e Justiça, nos moldes da *NYC – New Visions School;* uma outra focará em carreiras de gerenciamento desportivo relacionadas com o vizinho Estádio dos *Yankees;* e a última escola atenderá à proposta da Academia de Polícia da Cidade de Nova Iorque (*NYCPD Academy*), para a formação de jovens nos segmentos de justiça social e criminal;

6. Concepção e construção de uma residência para idosos através de subvenções federal, estadual e municipal;

7. Financiamento de um programa de melhoramento da comunidade para fornecer subsídios e empréstimos para novas habitações na área do Centro do *Bronx*;

8. Construção de habitações permanentes para as famílias sem-teto e de baixa renda no âmbito do programa da Cidade;

9. Apresentação de propostas à Prefeitura com vistas à reforma de alguns edifícios abandonados ou parcialmente ocupados em *Melrose Commons*;

10. Remodelação da estação de Metrô da área Norte do Centro do *Bronx* e renovação das adjacentes a *Melrose Park*;

11. Preparação de ruas seguras e ativas e uma proposta de espaço aberto; e

12. Convocação de reuniões da comunidade, frequentes esforços evangelísticos, tudo organizado pelo Fórum comunitário do *Bronx*, de modo a manter a comunidade informada, engajada e envolvida na implementação e planejamento do programa.

2.11.4.1. Impacto da participação econômica local

Um dos principais objetivos do programa Central do *Bronx* é assegurar que os residentes da área e empresas tenham acesso a mais postos de trabalho, tanto temporários, como permanentes, viabilizando as possíveis oportunidades de contratação, mormente na área de construção civil.

O grupo tem obtido sucesso em conseguir trabalho para os residentes do *Bronx* durante a construção do edifício de escritórios *Concourse Plaza*. O grupo celebrou parceria com a Construtora Turner (pertencente a Ted Turner, dono da *Warner Bros.*) na construção da clínica *Montefiore*, e recebeu compromisso da Turner para trabalho no Parque *Battery*. O grupo começou, em 2007, a desenvolver trabalhos com o conselho de cidadãos idosos *Mid-Bronx*, para um projeto de construção de moradia para pessoas de terceira idade.

O plano de renovação urbana de *Melrose Commons* foi aprovado e assinado pelo prefeito. Os esforços do *Nos quedamos* levaram inicialmente a três projetos financiados na Área de Renovação Urbana da comunidade.

Figura 9: Edifício em construção sob a responsabilidade da ONG *Nos quedamos/We stay*, em Melrose Commons/South Bronx/NY – 10 jan.2009

Além disso, *Nos quedamos* apresentou um pedido à cidade para se qualificar para o seu Programa de Revitalização do Bairro (NRP) para renovar alguns edifícios abandonados ou parcialmente ocupados na área de renovação urbana.

A ONG *Nos quedamos* ou *We stay*, presidida por Yolanda Gonzalez, tem importantes simpatizantes e colaboradores. Entre estes últimos, destacam-se Bill e Hilary Clinton, cujas fotografias são exibidas com orgulho na recepção de sua sede, situada na *Melrose Avenue, South Bronx*. Hoje, a organização já construiu quase 2 mil edifícios destinados a pessoas de baixa renda.

2.11.4.2. Centro de Planejamento do Bronx

O Centro de Planejamento do *Bronx* é um aparelho comunitário de 3.000m^2, instalado no antigo e abandonado *Courthouse Bronx Borough* (Tribunal Municipal do *Bronx*), que irá criar uma base firme nessa importante estrutura, abrindo as portas e retornando o primeiro andar para uso civil.

Mais de 850.000 dólares foram levantados até novembro de 2007 a partir de fontes públicas e privadas para a renovação das instalações.

2.11.4.3. Espaço aberto

Uma proposta foi apresentada visando financiar uma iniciativa de áreas livres, com ruas seguras, o que criariam espaços públicos defensáveis na área do Centro do Bronx. Além disso, uma proposta semelhante foi feita ao Departamento Federal de Transportes no âmbito do seu programa de novas Comunidades Habitáveis.

2.11.4.4. Sustentabilidade

Desde o início, um dos aspectos mais nevrálgicos e originais do programa do Centro do Bronx foi o nível sem precedentes de alcance da comunidade e a participação dos moradores locais em todos os aspectos de planejamento, desenvolvimento e implementação. O Programa demonstra que a participação de toda a comunidade tem proporcionado o que Paulo Freire traduziu como apoderamento (*empowerment*). A partir daí os moradores que permaneceram neste bairro de 300 quarteirões durante seus momentos difíceis tem assumido seus papéis como verdadeiros protagonistas das transformações na comunidade. Talvez a lição mais importante da experiência com programa do Centro de *Bronx* é que, através de processos participativos verticais ou piramidais (de baixo para cima), pode-se restaurar a confiança pública no governo e no processo de planejamento, como ferramentas para uma mudança positiva da sociedade.

Uma das experiências mais dolorosas assimiladas com as falhas do passado é que, sem o amplo e intenso entusiasmo do público, nenhum plano de desenvolvimento pode sobreviver aos obstáculos políticos de planejamento e decisões de financiamento que estão, principalmente, nas mãos de funcionários da cidade, do estado e do governo federal. Sem apoio popular e uma ampla rede social, a comunidade não seria tão bem-

-sucedida, assim como o setor privado e grupos comunitários não levariam a cabo as presentes e futuras ações necessárias para concretizar o plano em ações positivas.

Ao citar o programa do Centro do *Bronx* como um modelo emergente nacional, Muschamp (2009), que foi um dos maiores críticos de arquitetura do *New York Times*, capturou a energia e o entusiasmo dos esforços da comunidade. As pessoas argumentavam com paixão, mas não era uma disputa. Elas pareciam estar descobrindo sua própria cidade. Muitas pessoas estavam presas na armadura das suas próprias reclamações [...] eles escolheram ganhar, colocando as reclamações de lado [...] juntando-se aos outros que se sentiam da mesma forma [...] Especialistas e políticos tiveram experiências úteis, também [...] Mas, talvez o recurso mais útil e maior lição a ser colhida junto aos profissionais voluntários do programa é a peculiar compreensão de hierarquia. Embora seus conhecimentos os colocassem no vértice da pirâmide organizacional, eles transformaram a pirâmide de cabeça para baixo. Preferem ficar na base apoiando as pessoas acima. (http://www.unesco.org/most/usa1.htm, 2009, visitado em 09 dez. 2009).

Esta, com certeza é a maior lição a ser observada pelos estudiosos brasileiros e de todas as nacionalidades: a ausência de vaidades dos especialistas que atuam no *Bronx*, os quais optaram por carregar o piano junto com o povo, em vez de apenas tocá-lo.

Capítulo 3

O MEIO AMBIENTE SAUDÁVEL COMO FACILITADOR DA QUALIDADE DE VIDA

3.1. Qualidade de Vida e Respeito ao Meio Ambiente

A Declaração do Milênio foi aprovada pelas Nações Unidas em setembro de 2000. O Brasil, em conjunto com os países-membros da ONU, assinou o pacto e estabeleceu um compromisso compartilhado com a sustentabilidade do Planeta.

Os Objetivos do Milênio são um conjunto de 8 macro--objetivos a serem atingidos pelos países até o ano de 2015, por meio de ações concretas dos governos e da sociedade. Um desses objetivos é preservar a qualidade de vida e respeito ao meio ambiente.

Nunca é demais gizar que um bilhão de pessoas ainda não têm acesso à água potável. Ao longo dos anos 90, no entanto, quase o mesmo número de pessoas ganharam acesso à água, bem como ao saneamento básico. A água e o saneamento são dois fatores ambientais-chaves para a qualidade da vida humana. Ambos fazem parte de um amplo leque de recursos naturais que compõem o nosso meio ambiente – florestas, fontes energéticas, o ar e a biodiversidade – e de cuja proteção depende a sobrevivência da humanidade e a imensa maioria dos seres vivos.

Com efeito, os indicadores identificados para esta meta são indicativos da adoção de atitudes sérias na esfera pública.

Sem a adoção de políticas e programas ambientais, nada se conserva em grande escala, assim como, sem a posse segura de suas terras e habitações, poucos se dedicarão à conquista de condições mais limpas e sadias para seu próprio entorno.

Ações empresariais e associativas com o poder público, ONGs, grupos representativos locais e fornecedores são bem vistas, desde que respeitem as exigências do desenvolvimento sustentável.

Iniciativas que visem a implementar práticas ambientais sustentáveis e responsáveis, através da conscientização e disseminação das informações nas escolas, comunidades e empresas; programas de mobilização coletiva para estímulo à reciclagem e reutilização de materiais, devem ser estimuladas. Assim como deve-se fomentar programas parceiros no tratamento de resíduos a fim de reverter o resultado em benefício de comunidades carentes; promoção de "econegócios" (negócios sustentáveis), que além de preservarem o meio ambiente geram trabalho e renda melhorando a qualidade de vida das populações e absorvendo a mão-de-obra ociosa de jovens em situação de risco social.

3.2. Educação Ambiental e sua Influência na Redução da Criminalidade

Amparo legal: direito ao meio ambiente saudável (art. 11, Protocolo de San Salvador de 1988); art. 225 da Constituição Federal; art. 7º, III; 8º, V; 10, I e 54 a 57 do Plano Diretor Estratégico (Lei Municipal nº 13.430/02).

3.2.1. Importância

É incontestável que, no meio ambiente urbano das médias e grandes cidades, a escola e os meios de comunicação são responsáveis pela educação do futuro cidadão.

A sociedade está cada vez mais envolvida com as novas tecnologias e com cenários urbanos, perdendo, desta maneira, a relação natural que tinham com a terra e suas culturas. Os cenários, como *shopping center*, passam a ser as opções mais procuradas na vida de jovens e adultos; com isso, os valores relacionados com a natureza perdem cada vez mais pontos de referência na sociedade atual.

A educação ambiental se funda numa forma abrangente de ensino, que tenciona atingir a todos, através de um processo pedagógico participativo permanente capaz de ajudar na formação de uma consciência crítica sobre a problemática ambiental, compreendendo-se como crítica a aptidão de captar a gênese e a evolução de problemas ambientais.

Não é por outra razão que a Lei nº 9.795/99 determina a continuidade da Educação Ambiental em todos os anos do currículo escolar, de forma transversal e interdisciplinar, inclusive sendo vetada a criação da matéria em forma de disciplina curricular, exceto em especializações e pós-graduação. Registre-se, ainda, a indicação de noções éticas, especificamente da ética ambiental para os especialistas, como se vê a seguir:

> **Art. 10.** *A educação ambiental será desenvolvida como uma prática educativa integrada, contínua e permanente em todos os níveis e modalidades do ensino formal.*
> *§ 1º. A educação ambiental não deve ser implantada como disciplina específica no currículo de ensino.*
> *§ 2º. Nos cursos de pós-graduação, extensão e nas áreas voltadas ao aspecto metodológico da*

educação ambiental, quando se fizer necessário, é facultada a criação de disciplina específica.

§ 3º. Nos cursos de formação e especialização técnico profissional, em todos os níveis, deve ser incorporado conteúdo que trate da ética ambiental das atividades profissionais a serem desenvolvidas.

Dentro deste contexto, é imperiosa a necessidade de mudar o comportamento do homem em relação à natureza, no sentido de promover, sob um paradigma de desenvolvimento sustentável, a harmonia das atividades econômicas e conservacionistas, com reflexos positivos evidentes junto à qualidade de vida de todos.

Os programas de Educação Ambiental, normalmente, enfatizam demandas ambientais como poluição, desertificação, destruição de recursos naturais, etc.; e comumente não versam sobre outras questões igualmente complexas e de importante repercussão ambiental, assim como pichações, vandalismo e outras formas de violência. Em rigor, a Educação Ambiental, não se pode omitir de abordar e procurar harmonizar os desequilíbrios biossociais, como os provocados pela desnutrição, por doenças e desemprego, além dos decorrentes da poluição em geral.

A Educação, inclusive a ambiental, deve também repassar aos destinatários conceitos de ordem e disciplina, desde a infância, de modo a viabilizar o pleno ajuste com ações comunitárias. Nesse curso, Michel Foucault, entende que educação e ordem são cortes integrantes do dispositivo inerente à racionalidade moderna, atuando sobre os costumes e os comportamentos. (FOUCAULT, 1976)

A promoção da Educação Ambiental em todos os graus de ensino é, portanto, um objetivo a ser alcançado, inclusive pela internet, e porque não até por *twitters* e torpedos de telefones celulares, que serviriam de reforços aos conteúdos introduzidos em sala de aula.

Educação Ambiental, adrede, é abordada na forma presencial e não-presencial. Sobre a primeira experiência, já consagrada, nada a comentar. No segundo campo, se arranjam as propostas de Educação Ambiental a distância, que ensejam a realização de uma gama de cursos e informam sobre os últimos trabalhos no segmento de EAD (Ensino a Distância), por meio de CDs, DVDs, cartilhas, livros, HQs, *sites*, *chats* e outros. Os especialistas discutem o alcance do uso das estratégias de EAD na Educação Ambiental. E há uma certa razão para a preocupação. A depender da metodologia empregada, pode-se conseguir ou não uma eficaz conscientização ambiental. Por isso, justifica-se a exigência de que os trabalhos sejam realizados por técnicos experientes e competentes que possam melhorar os níveis de assimilação dos conteúdos pelo alunado. Não se pode perder de vista que são vitais alguns encontros presenciais como parte complementar dessa forma de ensino, mitigando o distanciamento na relação professor-aluno e deste último com o meio ambiente natural.

A Política Nacional de Educação Ambiental (Lei nº 9.795/99) define a Educação Ambiental Não-Formal, no seu artigo 13, como "as ações e práticas educativas voltadas à sensibilização da coletividade sobre as questões ambientais e à sua organização e participação na defesa da qualidade do meio ambiente."

Neste curso, determina ao poder público, nos níveis federal, estadual e municipal, seu incentivo, incluindo em seu rol de atividades:

I – a difusão, por intermédio dos meios de comunicação de massa, em espaços nobres, de programas e campanhas educativas, e de informações relacionadas a cerca de temas relacionados ao meio ambiente;
II – a ampla participação da escola, da universidade e de organizações não-governamentais na

formulação e execução de programas e atividades vinculadas à educação ambiental não-formal;
III – a participação de empresas públicas e privadas no desenvolvimento de programas de educação ambiental em parceria com a escola, a universidade e as organizações não-governamentais.;
IV – a sensibilização da sociedade para a importância das unidades de conservação;
V – a sensibilização ambiental das populações tradicionais ligadas às unidades de conservação;
VI – a sensibilização ambiental dos agricultores;
VII – o ecoturismo.

À luz da legislação vigente, a educação ambiental deve estar presente no ensino fundamental, médio e até superior (cursos de especialização e pós-graduações), devendo, em razão de seu caráter interdisciplinar e transversal, ter a mesma abordagem da prevenção ao abuso de drogas, noções de cidadania e ética. Como uma prática educativa integrada, envolve todos os professores, que deverão ser treinados para incluir o tema nos diversos assuntos tratados em sala da aula. A dimensão ambiental deve ser introduzida em todos os currículos de formação dos professores. Os docentes em atividade deverão receber formação complementar. Para tanto, o Estado ou Município deverá atuar, através de ONGs, OSCIPs ou através de licitações dos serviços especializados de instituições produtoras e ou repassadoras de conhecimentos e formadora de opiniões, para a concretização dos objetivos legais retromencionados.

Não se pode esquecer de que a lei recomenda também que o processo de conscientização ecológica tenha início cedo, através de um trabalho de base com as crianças, que crescerão afinadas com conceitos de respeito ao meio ambiente e desenvolvimento sustentável.

É fundamental destacar que a Educação Ambiental deve ir além das escolas de ensino fundamental e médio. Sempre se tendo em mente que não há necessidade de uma cadeira específica para tal, bastando que seus conteúdos venham interligados e complementando as demais disciplinas.

Outra importante meta da Educação Ambiental é o desenvolvimento do senso crítico, pois assim estarão sendo viabilizadas oportunidades de as comunidades, ainda que afastadas dos grandes centros, se posicionarem contra aqueles que violam os seus direitos difusos, especificamente quanto ao meio ambiente. Demais disso, poderão reivindicar projetos e medidas que ensejem o desenvolvimento sustentável.

Este desenvolvimento, especialmente o urbano, deve ser feito com um extensivo trabalho de planejamento, pois o crescimento demográfico no Brasil, assim como nos países em desenvolvimento, é acentuado e disforme. Os problemas provenientes da falta do planejamento urbano são visíveis e em muito prejudicam o equilíbrio da sociedade.

Consoante a Lei nº 9.795/99, regulamentada através do Decreto nº 4.281/02, fazem parte dos princípios básicos da educação ambiental:

- *O enfoque holístico, democrático e participativo;*
- *A concepção do meio ambiente em sua totalidade, considerando a – interdependência entre o meio natural, socioeconômico e o cultural, sob o enfoque da sustentabilidade;*
- *O pluralismo de ideias e concepções pedagógicas;*
- *A permanente avaliação crítica do processo educativo;*
- *A abordagem articulada das questões ambientais locais, regionais, nacionais e globais;*
- *A vinculação entre a ética, educação trabalho e as práticas sociais;*
- *O reconhecimento e o respeito à pluralidade e à diversidade individual e cultural.*

3.2.2. Objetivos da educação ambiental

A Conferência de Tbilisi (Georgia, 1977) dispôs que o processo educativo deveria ser orientado para a resolução dos problemas concretos do meio ambiente, através de enfoques interdisciplinares e de participação ativa e responsável de cada indivíduo e da coletividade. Em sua 2ª Recomendação estabelece as finalidades e princípios da Educação Ambiental. Na sequência, as suas alíneas:

*1. **Conscientização:** Levar os indivíduos e os grupos associados a tomarem consciência do meio ambiente global, dos problemas conexos e de se mostrarem sensíveis aos mesmos. Isto significa que a Educação Ambiental deve procurar chamar atenção para os problemas planetários que afetam a todos, pois a camada de ozônio, o desmatamento da Floresta Amazônica, as armas nucleares, o desaparecimento de culturas, a poluição das águas, etc., são questões só aparentemente distantes da realidade.*

*2. **Conhecimento:** Levar os indivíduos e os grupos a adquirir uma compreensão essencial do meio global, dos problemas que estão a ele interligados e o papel e lugar da responsabilidade crítica do ser humano. O conhecimento proporcionado pela ciência e pelas culturas milenares sobre o meio ambiente deve ser democratizado, as pessoas devem ter acesso a ele. Assim, Educação Ambiental não deve transmitir só conhecimento científico, mas todo tipo de conhecimento que permita uma melhor atuação frente aos problemas ambientais.*

*3. **Comportamento:** Levar os indivíduos e os grupos a adquirir o sentido dos valores sociais, um sentimento profundo de interesse pelo meio ambiente e a vontade de contribuir para sua pro-*

teção e qualidade. Não adianta só falar do meio ambiente, mas também mudar os comportamentos individuais e sociais, os exemplos aqui são diversos, como, não fumar em lugar proibido, não destruir árvores economizar água e energia, utilizar meios de transportes coletivos, respeitar as leis de trânsito, etc.

4. Competência: *Levar os indivíduos e os grupos a adquirir o necessário à solução dos problemas. Nem todos têm capacidade técnica para resolver os problemas ambientais. Reconhecer essa deficiência é um primeiro passo para superá-la. A Educação Ambiental pode auxiliar a sua superação, buscando elaborar meios técnicos com ajudas de especialistas e conhecedores autodidatas do problema.*

5. Capacidade de avaliação: *Levar os indivíduos e os grupos a avaliar medidas e programas relacionados ao meio ambiente em função de fatores de ordem ecológica, política, econômica, social, estética e educativa. Fundamental para a participação do cidadão é decifrar a linguagem dos projetos de riscos ambientais elaborados por técnicos especializados. A capacidade de avaliação permite ou não que os projetos duvidosos sejam efetuados. A Educação Ambiental deve procurar traduzir a linguagem técnico-científica para compreensão de todos.*

6. Participação: *Levar os indivíduos e grupos a perceber suas responsabilidades e necessidades de ação imediata para solução dos problemas ambientais. Procurar nas pessoas o desejo de participar na construção de sua cidadania. Fazer com que as pessoas entendam a responsabilidade, os direitos e os deveres que todos têm com uma melhor qualidade de vida.*

Nesse fluxo, Reigota (1994) defende que a Educação Ambiental deve ser compreendida basicamente como "educação política", uma vez que reivindica e prepara os cidadãos para exigir justiça social, cidadania nacional e global e ética; devendo esta se dirigir indistintamente a todos os segmentos sociais.

A Educação Ambiental, em que pese sua previsão legal, é ainda uma área emergente e em constante desenvolvimento, onde experiências pedagógicas têm se dado em todos os níveis. É imperioso que se estimule o desenvolvimento de políticas que consagrem os liames positivos entre a Educação Ambiental e desenvolvimento comunitário, corrigindo ou prevenindo incivilidades em detrimento do meio ambiente. É crucial que se permita que a comunidade acesse novos caminhos que possibilitem uma maior integração desta com a sociedade onde está incrustada, melhorando a qualidade de vida, aliando práticas de Educação Ambiental com o desenvolvimento sustentável.

É forçoso se avaliar o funcionamento de cada lugar, investigando-se de forma criteriosa como a população interage com o meio ao seu derredor, os seus problemas sociais, econômicos, políticos e culturais. Diagnosticando as necessidades e anseios, o segundo passo é promover estratégias para mitigar as dificuldades com a participação da comunidade.

3.2.3. Educação ambiental: influências na formação cidadã e mitigação da violência

A Educação Ambiental (EA) é, sem dúvida, uma ótima alternativa de formação cidadã e ecológica da comunidade, porque apresenta estratégias para alterar a atual situação para um agir de forma que o conhecimento e a sensibilidade superem a ignorância sobre os limites do crescimento do ser humano e sua conscientização ambiental. Outra capacidade que a EA ensejará é a de aumentar a percepção dos jovens sobre a importância de valorizar a própria vida e a dos que estão no seu entorno, lhes possibilitando emancipação, autonomia e liberdade.

Destarte, esta via educacional fará grande diferença na formação cidadã também de crianças e principalmente de adolescentes em situação de risco social através de medidas práticas como incentivar programas de apoio à formação e capacitação técnica profissional, visando a sua inclusão no mercado de trabalho. Esses programas podem ser desenvolvidos em escolas, empresas, associações e na própria comunidade (igrejas, centros de recreação, etc.). A mobilização de técnicos voluntários para criarem situações de aprendizagem e gestão em suas áreas de formação, também é outra boa opção de aproveitamento da mão-de-obra jovem ociosa.

Por meio do ensino de técnicas de arboricultura (plantio de árvores) e construção de Telhados Verdes (*Green Roofs*) e Telhados Brancos (*White Roofs*), ambos destinados à permacultura e redução do calor, entre outros fins, respectivamente, a Educação Ambiental apoiará programas de geração de novas oportunidades de absorção e recrutamento de jovens (empregos verdes – *Green Jobs*) nas pequenas e médias empresas do segmento de construção civil e jardinagem.

Outra boa alternativa da Educação Ambiental é o seu uso para contribuir com programas de parcerias para a inclusão digital da população menos favorecida. Para tanto, se usariam programas de formação e disseminação das novas tecnologias, em especial, da informação, que promovam também a inclusão de portadores de deficiência. Esses conteúdos poderão ser transmitidos através de HQs (História em Quadrinhos), cartilhas, internet com portais com cursos específicos, etc. Programas que contemplem o empreendedorismo e auto-sustentação, também, é outro item que pode ser estimulado pela Educação Ambiental.

Cumpre registrar que a partir da década de 90, notadamente após a Conferência do Rio de Janeiro (ECO-92), a educação ambiental passou a ser vinculada à educação para o desenvolvimento. Agregaram-se conceitos que atendam à necessidade de observação do ser humano como parte da natureza, exigindo daquela, no mínimo, o escopo de viver em condições dignas, equilibradas e em ambiente saudável. O novo paradigma incluiu a mitigação e mesmo esforços no sentido da eliminação da fome, das doenças transmissíveis, das diversas formas de violência, das moradias inadequadas (favelas) e a presença de menores abandonados nas ruas.

A Educação, de uma forma geral, e especialmente a Ambiental, passou assim a seguir os rumos do desenvolvimento sustentável, no qual o equilíbrio ecológico deve estar coligado à justiça social e à valorização da dignidade humana. É sob o signo da esperança e esse olhar de respeito à dignidade humana, combinado com o amor ao meio ambiente, que crescerão as futuras gerações.

3.3. Movimento do Cinturão Verde (*Green Belt Movement* - GBM) como Exemplo da Concretização da Educação Ambiental

3.3.1. Origens

O Movimento do Cinturão Verde (*Green Belt Movement* – GBM) nasceu no Quênia. A expressão foi cunhada em razão do trabalho titânico desenvolvido por Wangari Maathai, líder ambientalista queniana, reconhecida internacionalmente (Nobel da Paz em 2004), que resultou no plantio de 25 milhões de árvores naquele país, onde apenas 2% do território é coberto por florestas (o ideal seria 10%, segundo as Nações Unidas).

Consoante o site oficial do GBM, existem duas divisões: Movimento Cinturão Verde do Quênia e Movimento Cinturão Verde Internacional. O primeiro é uma organização não-governamental (ONG) e sem fins lucrativos com base no Quênia. A missão do movimento (GBM) é mobilizar a comunidade com vistas à conscientização de que é possível o desenvolvimento coexistir com a autodeterminação, a equidade, a subsistência e preservação ambiental. (http: //www.greenbeltmovement. org,2009, visitado em 01/02/2009).

O GBM Quênia se concentra em seis programas centrais: Conservação Ambiental/Plantio de árvores; Civismo e Educação Ambiental; *Advocacy* e *Networking* Pan-Africano de Oficinas de Formação dos Safaris do Cinturão Verde (GBS); Mudança para Mulheres (Centros de Capacitação).

Por seu turno, o GBMI (Movimento do Cinturão Verde Internacional) é também uma ONG sem fins lucrativos, que funciona como guarda-chuva para a GBM Quênia. A missão do *Green Belt Movement International* (GBMI) é capacitar as comunidades mundialmente para proteger o meio ambiente e promover a boa governança e a cultura da paz.

3.3.2. Metas

Através de sua abordagem holística para o desenvolvimento, o Movimento Cinturão Verde opera junto às causas sociais, políticas e econômicas da pobreza e degradação ambiental ao nível das bases sociais. Seminários de capacitação são desenvolvidos para ajudar as pessoas a construir um senso crítico sobre os papéis do meio ambiente, da governança e da boa qualidade de vida. Os participantes desenvolvem um profundo desejo de melhorar suas próprias vidas e comunidades. Com isso, ganham segurança econômica e ficam dispostos a proteger os recursos partilhados, tais como florestas, parques públicos e rios. O GBM começou por abordar um problema sério com uma solução simples: as comunidades começam a plantar árvores como símbolo do seu compromisso. Hoje, este enfoque está na raiz da consciência ecológica e ética de todos os envolvidos.

No Quênia e em toda a África, a floresta e os demais recursos naturais continuam sob uma pressão tremenda. As sementes da democracia, bom governo e gestão ambiental foram plantadas, mas, necessitam de cuidados para que germinem, cresçam e protejam. A menos que sejam alimentadas, as gerações futuras herdarão um mundo menos seguro.

Plantar árvores e envolver nisso as mulheres é o ponto central do Movimento do Cinturão Verde (*Green Belt Movement*), criado em 1977 por Wangari Maathai. Um dos fatores do êxito do Movimento tem sido reduzir o tempo que as mulheres perdem para buscar água e lenha, recursos cada vez mais escassos. Desta forma, economizam o tempo para outras atividades.

O movimento tem empreendido programas de formação como: apicultura, práticas agrícolas, processamento de alimentos e iniciativas cívicas. O reflorestamento é sem dúvida, uma das práticas conservacionistas mais importantes em desenvolvimento pelo GBM, porque as árvores, além de colaborar com a produção de oxigênio e aumentar a densidade pluviométrica, ajudam a evitar a erosão, aumentam a produtividade do solo, retém a água e garantem o acesso à lenha.

O maior resultado obtido pelo Movimento tem sido a elevação da qualidade de vida, com a melhoria da condição econômica e participação política na sociedade de milhares de mulheres. Ao mesmo tempo, promove-se a consciência ambiental, a conservação da biodiversidade e o desenvolvimento local.

3.3.3. Wangari Maathai

Wangari Maathai e o GBM foram laureados com inúmeros prêmios ao longo dos últimos 20 anos. Entre outros, Maathai recebeu o Prêmio Global 500, com o qual as Nações Unidas reconhecem as quinhentas pessoas mais importantes na defesa do meio ambiente.

Inicialmente o trabalho foi difícil, especialmente porque as pessoas acreditavam que, por serem pobres, lhes faltava não apenas capital como também conhecimentos e capacidades para responder aos seus desafios. Estavam condicionadas, segundo analisou o *Green Belt Movement*, a acreditar que as soluções para os seus problemas deviam vir do exterior. Para além disso, as mulheres não compreendiam que a resposta às suas necessidades dependia do ambiente que as rodeava ser sadio e bem gerido. De modo a apoiar a comunidade na percepção destas interligações, o Movimento desenvolveu um programa de educação do cidadão, durante o qual as pessoas identificavam os seus problemas, as causas e as possíveis soluções. No processo, os participantes perceberam que tinham de ser parte da solução, não deixando ao mesmo tempo de responsabilizar os seus governos. (VILARIGUES; QUERCUS, 2005)

De início as atividades do GBM, de cultivo de árvores, não estavam diretamente orientadas para questões de paz e democracia. Mas, rapidamente se tornou claro que a luta pelos direitos difusos, e entre eles o meio ambiente, não seria factível sem um governo democrático. E foi deste modo que a árvore se tornou um símbolo da luta democrática no Quênia.

Nesse curso, o Parque Uhuru e outras partes do país passaram a ser foco de plantio de árvores para exigir a libertação de prisioneiros de consciência e uma transição pacífica para a democracia. A seu tempo, a árvore tornou-se também um símbolo de paz e resolução de conflitos, sobretudo étnicos, algo já enraizado na tradição africana. Em 2002, estas e outras ações frutificaram e houve uma transição pacífica para a democracia. A educação ambiental, portanto, serviu não apenas de prática conservacionista, mas, principalmente, de ferramenta para o alcance das liberdades democráticas.

Atualmente, o Movimento do Cinturão Verde mantém intensa atividade, com programas como "Mudanças para Mulher" (*Woman for Change*), de construção de competências, programas de conservação da biodiversidade e cultura de árvores, de educação ambiental e cívica, *advocacy* e trabalho em rede, e também safáris (de apreciação e estudo da vida selvagem), seminários e *workshops*. (VILARIGUES; QUERCUS, 2005)

Na sua emblemática obra (*Green Belt Movement*), Wangari Maathai descreve as oito lições assimiladas ao longo de mais de duas décadas de franca atividade preservacionista e desenvolvimentista no Quênia. A seguir as preleções sugeridas pela consagrada ambientalista, com alguns ajustes e complementos, como os ínsitos nos itens nº 7 e 8, nos quais o pensamento de Maathai é mais afinado com o pragmatismo da sua condição de negociadora política e Ministra do Meio Ambiente daquele país africano, e menos com as suas origens de líder de minorias, engajada nas lides em torno do meio ambiente:

3.3.4. Oito lições aprendidas

1. Iniciativas de desenvolvimento comunitário devem visar às necessidades da comunidade. Devem ser sanadas as necessidades básicas, como falta de água, de comida, roupas; em vez das necessidades supérfluas (indicativas de luxo e ostentação). Por isso, o movimento do cinturão verde planta árvores como uma porta de entrada nas comunidades, já que é um imperativo comum não apenas na urbe, mas em muitas áreas rurais.

2. A mensagem deve fazer sentido para o público-alvo. Se a maioria da comunidade é analfabeta, como explicar sobre a importância da camada de ozônio e proteção de recursos genéticos? A mensagem tem que ser passada de maneira que a audiência a compreenda. Uma vez que ela é entendida, as pessoas entrarão em ação.

3. Existe a necessidade de uma boa liderança. A comunidade tem que sentir que o projeto é honesto e ver que é para o bem de todos, assim ela desenvolverá uma forte sensação de acolhimento e segurança.

4. Trabalhe pacientemente para motivar a comunidade. Ideias abstratas devem ser apresentadas simples e repetitivamente antes de serem internalizadas.

5. Ofereça incentivos de curto prazo. É importante que as pessoas antevejam o sucesso dentro de um período razoável, isso impulsiona o projeto.

6. É imperioso sensibilizar tanto os parlamentares quanto a comunidade. Às vezes é difícil levar a mensagem de preservação à comunidade, sem a ajuda dos líderes políticos. Assim, é crucial que os conteúdos a serem repassados sejam capazes de provocar nos representantes do povo a sensação que as propostas são viáveis, justas e necessárias.

7. É vital para a melhoria da produtividade que os trabalhadores estejam interessados e motivados nos seus misteres. Os trabalhadores devem ser estimulados a serem não apenas bons ouvintes e observadores, mas proativos (se antecipem aos problemas, prevenindo-os). É importante, também discutir os assuntos após as reuniões, e não só durante.

8. A comunidade deve entender o projeto. Às vezes os detalhes complicados dos projetos devem ser excluídos da mensagem passada inicialmente à comunidade, porém não podem ser omitidos para sempre. Em rigor, os pormenores hão de ser tratados com os técnicos e lideranças diretamente envolvidos no projeto, de modo a evitar mal entendidos e desacertos pelo desconhecimento das suas particularidades essenciais ao bom desempenho.

Da experiência de Maathai numa nação tão subdesenvolvida e deficitária como o Quênia, destacam-se dentro de tantas exitosas medidas, os dez passos a serem seguidos num projeto de preservação ambiental, uma fórmula simples, mas eficiente de plantar árvores de forma sistemática pelas comunidades, notadamente pelas menos favorecidas. Como se vê em seguida:

3.3.5. Como estabelecer e executar uma campanha de cinturão verde para plantar árvores (o procedimento de 10 passos)

1. Disseminação de informação para aumentar a consciência pública e estabelecer contato entre grupos. É necessário conectar as causas e efeitos das calamidades ambientais. Use jornais, rádio e televisão, reuniões na comunidade e workshops.

2. Formação de grupos. É contraprodutivo pedir para a comunidade formar novos grupos se eles já estabeleceram uma forma eficiente de se organizar. A vantagem de trabalhar com grupos é que grande parte da comunidade é mobilizada. É importante deixar os grupos se formarem livremente e elegerem seus líderes através de voto secreto para encorajar decisões democráticas. Deve ser considerada a ideia de desenvolver um tipo de estatuto ou uma série de regras feitas pelos membros dos grupos para guiá-los.

3. Construir viveiros de árvores e registrar grupos. É preferível usar terras públicas, assim qualquer pessoa pode visitar os viveiros e ajudar na poda e demais manejos.

4. Estabelecimento físico de um viveiro de árvores. Para preparar um viveiro é necessário construir canteiros, fazer terraços, colocar camas para as sementes e fazer cercas. É sempre bom pedir ajuda a especialistas como agricultores, membros experientes do GBM (Green Belt Movement – Movimento do Cinturão verde), ou no caso de técnicos da prefeitura, do Estado, de universidades, de

escola agrícolas, etc. A comunidade deve ser encorajada a plantar árvores nativas ou árvores que atendam às suas necessidades. Os viveiros recebem sacos plásticos para transplantar sementes e mudas, contudo, também é aconselhável usar sacos plásticos e latas de uso doméstico, assim realiza-se um processo de reciclagem.

5. Relatar o progresso do viveiro. É necessário fazer relatórios mensais, com a ajuda das pessoas que trabalham no dia a dia do criadouro.

6. Promover a cultura de árvores na comunidade e a perfuração de buracos. Quando os grupos já obtiverem sementes o suficiente, é preciso anunciar em lugares públicos (escolas, igrejas, etc.) aos interessados para cavarem buracos com o diâmetro de aproximadamente 2 pés (60 cm). Para proceder com os plantios, é preciso observar as regras da GBM, no caso brasileiro, as normas disponíveis para arboricultura, além da experiência daqueles que estão envolvidos nessas formas e técnicas conservacionistas.

7. Estabelecer cinturões verdes públicos e privados. Os cinturões verdes públicos devem ter uma meta de plantar no mínimo mil árvores, enquanto os particulares assentarem no mínimo cem. Para mais informações sobre cinturões verdes públicos ou privados, contate a GBM. No caso paulistano, as entidades especializadas, em especial a Prefeitura.

8. Plantar árvores e monitoramento. Durante a época de chuva os cultivadores compram sementes dos viveiros. Dois *follow ups* (checagem de acompanhamento) são feitos: o primeiro depois de um mês e o segundo depois de três meses. Os acompanhamentos checam o progresso

do crescimento das sementes e avaliação dos dados nos locais das plantações.

9. 1º monitoramento de checagem. Deve ser feito dentro dos primeiros dias, nunca mais tarde do que um mês, para checar se as sementes estão realmente sendo plantadas (e com boa germinação) e se tudo está correto.

10. 2º monitoramento de checagem e pagamento dos grupos. Precisa ser realizado depois de no mínimo 06 meses, para assim assegurar se a semente tenha sido não somente plantada, como também tenha sobrevivido. A informação dos relatórios é enviada às sedes administrativas, que, se estiverem satisfeitas com os resultados mostrados, aprovarão a compra das sementes pelo GBM, com pagamentos em cheque aos grupos e equipes de apoio. O GBM só paga pelas sementes sobreviventes durante o 2º monitoramento de checagem.

3.4. Conexão entre Educação Ambiental, Movimento do Cinturão Verde (*Green Belt Movement*), Trabalho Verde (*Green Jobs*) e a Redução da Criminalidade

Não é desta centúria a expressão: "mente vazia é oficina do diabo", a qual simboliza com exatidão as correntes prevencionistas e mais especificamente as decorrentes da Escola de Chicago. A simplicidade e sabedoria do velho adágio por si só dispensam mais explicações, além das trazidas no capítulo das escolas ecológicas que estudam o crime. Pode-se afirmar, contudo, que muitos estudiosos foram influenciados por pensamentos semelhantes. Os franceses Gustave Le Bon (*Tenha em mente pensamentos elevados, eles contribuirão para formar a sua personalidade*) e Louis Pasteur (*A sorte favorece a mente bem preparada*) são exemplos dignos de registro.

Por sua vez, as medidas retromencionadas (o procedimento de 10 passos) podem ser adotadas em projetos comunitários envolvendo parcerias público-privadas (PPPs) no Brasil, através das quais empresas apoiariam, por exemplo, dentro das margens de isenção tributária atinente à responsabilidade social, experimentos envolvendo adolescentes na faixa de 18 a 21 anos, em situação de risco social, nas comunidades mais carentes e preferencialmente menos arborizadas.

Esses procedimentos podem, perfeitamente, integrar um programa de educação ambiental em escolas públicas, nos quais os alunos participariam do cultivo das árvores, desde o manejo com as mudas até o plantio definitivo, dentro dos conteúdos programáticos de disciplinas como: ciências, práticas agrícolas e geografia. Com isso, além de aprenderem práticas conservacionistas, assimilariam noções de ética e cidadania, na medida em que estariam colaborando para o bem-estar da comunidade e desenvolvendo hábitos saudáveis e atitudes de pensamento coletivo.

De *South Bronx*, precisamente na comunidade de *Melrose Commons,* vem outro bom exemplo a ser copiado. Lá, como visto, seio da mais violenta e precária área de convivência urbana de Nova Iorque, não foi a Administração Pública quem primeiro levantou a voz contra essas e outras mazelas sociais. Foi a comunidade, no início dos anos 90, que através de uma liderança feminina de origem porto-riquenha (Yolanda Garcia) disse não à ordem da Prefeitura que determinava o despejo de centenas de famílias e pequenos comerciantes para reconstrução da área. A partir daí surgia uma coalizão de interesses sob o guarda-chuva da ONG *Nos Quedamos/We Stay* (Nós ficamos), assumindo o controle de suas vidas. Na sequência, a municipalidade não só acatou a justa reação dos moradores, mas destinou verbas para que, através de parcerias público-privadas, fossem construídos novos prédios para todos. Nesse compasso já foram levantados mais de mil unidades, atendendo a todos os níveis sociais, inclusive os sem-teto, que recebem gratuitamente seu apartamento. (http://www.nosquedamos.org/staff.html, 2009).

Figura 10: La Puerta de Vitalidad (2000-2002) foi o 2º condomínio de apartamentos construído pela Nos Quedamos/We Stay, num programa para sem-tetos no South Bronx.

Política e ecologicamente correta – os materiais usados na construção dos prédios residenciais são 97% recicláveis – a ONG em apreço, hoje comandada por Yolanda Gonzalez, filha de sua fundadora (Yolanda Garcia), vem usando para a mão-de-obra da construção dos edifícios, os jovens e adultos do bairro, medida que, além de tirá-los da ociosidade corrosiva, proporciona meios para seus sustentos.

Os dados acima, depoimentos e fotografias alusivas ao *Bronx* foram produzidos a partir da sede e com prévia autorização da *Nos Quedamos/We Stay*, em *Melrose Commons* (754 Melrose Avenue Bronx, NY 10451, Tel.: 718-585-2323) e arredores entre os dias 02 e 12 de janeiro de 2009.

Numa singela reflexão sobre a experiência do South Bronx, pode-se concluir que: cada sociedade deve escolher quando, como e onde deverá plantar a sua "árvore". E esta deve ser cultivada e tratada desde a sementeira no jardim (da infância), de modo que quando madura (fase adulta) ofereça bons frutos (filhos que reiniciam o ciclo da vida). Esta reflexão remete a outra. O que o homem faz não afeta uma rua, mas, a cidade e até o planeta (Teoria do Caos). Urge que se pense que todos têm direitos, mas também responsabilidades. O cidadão politicamente correto é aquele que não pergunta o que é bom para ele, mas para a sua comunidade.

Capítulo 4

ECONOMIA DO COLARINHO VERDE (*GREEN COLLAR ECONOMY*)

4.1. Conceito

Pode-se dizer, sem pestanejar que um exemplo de escolha, de caminho a ser seguido pela sociedade – *a árvore a ser plantada* – é a economia do colarinho verde.

A recente crise econômica mundial – da qual já se atravessou grande parte – pode ser, ironicamente, um bom momento para criação de um novo paradigma econômico, que harmonize o meio ambiente com o capitalismo. A prova disso é a Economia do Colarinho Verde, que já é uma realidade no Reino Unido, por exemplo, no qual em janeiro de 2009, o Secretário de Negócios, Peter Mandelson, declarou que havia cerca de 800 mil britânicos trabalhando nos chamados Empregos verdes (*Green jobs*), com grande tendência de aumentar essas cifras.(SIRKIS:2009)

Mas, o que é a Economia do Colarinho Verde? Em sendo um campo novíssimo da economia com viés preservacionista, ainda não há muitos conceitos a respeito, todavia, uma definição pragmática sobre o novel fenômeno é de Andy Cartland, diretor da *Acre Resources* de Londres *apud* Alfredo Sirkis:

> *De forma geral, colarinho verde seria um tipo de emprego que almeja ter um impacto positivo sobre o meio ambiente ou a sociedade. Muitos desses empregos se concentram em reduzir o impacto ambiental de um projeto energético ou de construção civil, como, por exemplo, minimizar os danos causados por um novo estacionamento em uma determinada área.* (O futuro do trabalho é verde: http://www2.sirkis.com.br/noticia.kmf? noticia = 8193451&canal = 259&total = 30& indice = 0, visitado em 22. dez. 2009)

O crescimento da economia de baixo carbono vai absorver muita mão-de-obra. Atualmente, nos Estados Unidos, cerca de 14 milhões de pessoas – em 45 ocupações – seriam beneficiadas com investimentos para mitigar as mudanças climáticas, que poderiam gerar mais postos de trabalho. Os dados são do *Political Economy Research Institute* (Peri), da Universidade de Massachusetts, divulgado no final de junho de 2009. São os denominados empregos do colarinho verde (*green-collar jobs*), que mobilizam sindicatos e ativistas sociais. Durante a campanha, o Presidente Barack Obama prometeu 5 milhões de empregos verdes ao longo de dez anos.

Os *green-collar jobs* são bem pagos, oferecem a possibilidade de uma carreira e contribuem diretamente para preservar ou melhorar a qualidade ambiental, é a opinião da *Apollo Alliance*, uma coalizão de interesses voltados ao desenvolvimento de energia limpa e independente que se aglutinam num projeto criado pelo Instituto para o Futuro da América (*Institute for America's Future*) e O Centro de Estratégia de *Wisconsin* (*Center on Wisconsin Strategy*), com vistas a reduzir a dependência do petróleo importado, as emissões de carbono

e expandir as oportunidades para empresas e trabalhadores. (http: //apolloalliance.org, 2009)
Ainda, segundo a organização *Apollo Alliance* (PARDINI, 2009):

> Eles tendem a serem empregos locais, porque envolvem a transformação e a melhoria de ambientes construídos ou naturais – por exemplo, reforma de edifícios para torná-los mais eficientes quanto à energia, instalação de painéis solares, construção de linhas para transporte público e paisagismo.

A citada empresa afirma que se beneficiar o meio ambiente, mas não oferecer salário digno e possibilidade de ascensão, não se configura o emprego verde.

Em todos os lugares é possível ouvir falar dessa expressão (empregos verdes), que promete ser a solução para muitos dos problemas que o mundo enfrenta atualmente. Mas onde estão esses empregos? Segundo uma pesquisa recente realizada pela ONG Pew Charitable Trusts (http://www.pewtrusts.org/ visitado em 08 nov. 2009), eles estão mais próximo do que se imagina e o mundo está prestes a presenciar uma verdadeira explosão dessa nova vertente da economia mundial que irá impulsionar a geração de renda e criar uma revolução em tecnologias limpas.

De acordo com o estudo, o crescimento dessa vertente da economia – geração de energia limpa e renovável – foi de 9,1% entre 1998 e 2007, enquanto que os empregos tradicionais cresceram 3,7%. Um aumento significativo, mas nada comparado com o que vem pela frente. Segundo Lori Grange, diretor interino do *Pew Center* nos Estados Unidos, a economia baseada nas energias limpas será o motor de um crescimento explosivo nos próximos anos.

O estudo mostra que setores públicos e privados estão trabalhando pesado para construir um futuro econômico mais forte e sustentável. Segundo o relatório, a indústria de energias renováveis, ainda em fase de desenvolvimento, está emergindo como um componente vital do novo cenário econômico da América, capaz de desenvolver fontes de energia limpa e renovável, gerar mais eficiência energética, reduzir a emissão de gases do efeito estufa e conservar água e recursos naturais.

4.2. Ecodesenvolvimento

Maurice Strong, milionário canadense e uma das maiores lideranças mundiais em desenvolvimento sustentável, dentro do contexto da Conferência de Estocolmo/1972 – da qual foi Secretário-Geral a convite da ONU – e da concretização do então recente PNUMA – Programa das Nações Unidas para o Meio Ambiente (*United Nations Environment Programme*, UNEP), criou em junho daquele ano, o conceito de Ecodesenvolvimento – também chamado de Desenvolvimento Ecotecnológico (LEFF, 1986) – para distinguir:

> *[...] uma concepção alternativa, potencialmente fértil para direcionar ações em zonas rurais dos países em desenvolvimento de uma forma sensível a preocupação ambiental. [...] preconiza-se uma gestão mais racional dos ecossistemas locais e valorização do* Know-how *e da criatividade das populações envolvidas (LAYRARGUES, 1997, p.7).*

Visto sob essa perspectiva, crescimento econômico, satisfação das necessidades básicas e uso ecologicamente sustentado dos recursos naturais e do espaço são passíveis de uma convivência integrada (Vieira, 1995, *apud* CARVALHO, 2006, p.154).

Layrargues (1997) explica que no Ecodesenvolvimento, a manutenção dos níveis de sustentabilidade acima relatados, dependem em grande parte dos esforços internos das comunidades e da originalidade dos projetos locais que nela se produzem, contrariando a tendência dominante de adotar fórmulas e/ou metodologias pretensamente universalistas (LAYRARGUES, 1997, p. 7). Para Sachs (1993), a mobilização comunitária nessa direção se daria através da adoção de algumas estratégias fundamentais como: uma participação mais efetiva da população local no planejamento e execução de ecoestratégias; um uso mais equilibrado de cada "ecozona" (via gestão racional de seus recursos) de modo a atender às necessidades básicas de seus habitantes; a redução dos efeitos ambientais negativos e ainda também a busca de tecnologias adequadas aos objetivos que se desejam atingir para cada ecorregião específica, em geral construídas pela própria comunidade com material local disponível; impondo-se a partir dessa mentalidade, um certo limite ao consumismo desenfreado (SACHS, 1993; LAYRARGUES, 1996). Nesse conjunto de estratégias, convém destacar também o papel do sistema educacional, na postura ecodesenvolvimentista, onde este defende a priorização não somente das escolas, como agentes de transferência de conhecimento, mas da própria conversão destas em agências de desenvolvimento adaptadas à realidade sociocultural local (CARVALHO, 2006, p.156-157).

4.3. Como Funciona a Economia Verde nos E.U.A.

4.3.1. Exemplos de políticas ambientais locais

O prefeito Richard Michael Daley, de Chicago, ilustra perfeitamente a poderosa combinação de estabelecer padrões, investimentos, dar incentivos, e promover a inovação. Muitos outros prefeitos e governadores dos E.U.A. já estão implementando políticas endereçadas aos problemas ambientais, bem como à crise social e econômica.

Na sequência, destacam-se algumas das ideias mais interessantes e animadoras que os governos locais e estaduais podem adotar. Existem dúzias de oportunidades locais para apoiar o esverdeamento dos E.U.A. e criar novos empregos.

4.3.1.1. Prédios verdes

Toda cidade deve se comprometer com a atualização de seus prédios e permitir somente a construção de estruturas de alta eficiência e desempenho que se encaixem com as exigências da Liderança em *Design* de Energia e Meio Ambiente (LEED).

Um compromisso da cidade com uma abrangente reforma de seus próprios prédios demonstra visão de um futuro da liderança verde, resulta em economia nas contas de energia e nos custos da saúde, além disso, cria muitas frentes de trabalho. Enquanto uma cidade trabalha duro para fazer seus próprios edifícios mais eficientes, os seus líderes podem em sã consciência exigir o mesmo de todos os edifícios residenciais, comerciais e industriais no município.

Uma grande barreira para os *edifícios verdes*, entretanto, é descobrir como pagar pelo trabalho. Em tese, as modernizações devem ser pagas por elas mesmas com dólares economizados nos custos de energia. Mas, na prática, poucos proprietários dos edifícios têm o dinheiro na mão para pagar adiantado todas as auditorias e reparações necessárias. Assim, os edifícios continuam vazando energia, os proprietários continuam perdendo dinheiro, e os gases de efeito estufa que fluem de usinas sobrecarregadas de impostos continuam sendo acumulados na atmosfera. A chave é criar mecanismos que permitam a redução de custos, o trabalho de revitalização deve ser feito imediatamente, com ganhos imediatos para os proprietários ou inquilinos, para, em seguida, serem liquidados facilmente, ao longo do tempo.

Jones (2008) propugna que o governo de Washington deveria gastar mais com esforços na eficiência. O que poderia ser feito com empréstimos diretos ou a juros mais baixos ou, ainda, empréstimos sem incidência de juros em um fundo de empréstimo rotativo.

Mas, o que acontece agora, quando o dinheiro público para construir modernizações abrangentes não está disponível, e os líderes da cidade devem ir aos bancos e investidores privados para financiar seus planos?

O modelo desenvolvido pelo Centro de Estratégias do Wisconsin (*Center on Wisconsin Strategy – COWS*), mais especificamente o Milwaukee Eficiência Energética (*Milwaukee Energy Efficiency-Me2*), criou um paradigma, enquanto tentava descobrir como os trabalhadores, no eviscerado coração industrial, poderiam se mover rumo ao centro da economia de energia limpa. A ideia é equipar praticamente todos os edifícios da cidade para economizar e colocar um expressivo contingente de pessoas para neles trabalhar. (http://www.cows.org, 2009, visitado em 09 ago. 2009)

Me2 é um modelo inovador que permite que os pequenos proprietários, e até arrendatários, usem um processo semelhante ao de contratos de desempenho, a fim de não desperdiçar energia. Os proprietários ou inquilinos (com a cooperação dos senhorios) recebem uma auditoria de todas as medidas de conservação que podem ser pagas através da economia de energia num determinado período. Eles reembolsam o custo das medidas através da sua conta de serviço público. (http://www.cows.org, 2009. idem)

Até agora, COWS tem obtido adesões de trabalhos, empresas e comunidades cívicas e figuras políticas em Milwaukee, bem como no nível estadual. Importante, destacar que também adquiriu garantia de financiamento privado do JPMORGAN CHASE, uma vez que está sendo aplicado um sistema com base na metragem de faturamento. O financiamento público também tem sido prometido. (http://www.cows.org, 2009. idem)

O COWS e a Universidade da Flórida estimam que para cada US$ 1 milhão investido serão criados cerca de 3 anos de emprego nas atividades de instalação/construção e 4 anos de emprego na indústria transformadora. Para uma única família de projetos residenciais, a distribuição de postos de trabalho será de 0,5 ano de emprego de supervisor; 2,5 anos de trabalho de mão-de-obra qualificada; 4,7 anos de trabalho semiqualificado; e 5 anos de trabalho não-qualificado. Esta é uma estimativa que pode ser aplicada em qualquer cidade. É uma grande notícia para pessoas de limitadas habilidades e com dificuldades de acesso a empregos, como os egressos do sistema penal. Aliás, a estratégia já vem sendo usada em vários centros urbanos nos E.U.A., conforme informa o site oficial (http: //www.cows.org/about_index.asp,.2009. idem).

4.3.1.2. Criar distritos de taxação verde

Outra ideia defendida pelos ambientalistas norte-americanos é a utilização do conceito bem construído de "distritos de taxação", que têm provado funcionar muito bem para outros fins, como projetos verdes, por exemplo. Imagine-se, por sua vez, que um bairro decide aumentar suas linhas de utilidade subterrâneas. Moradores optam por um "distrito de taxação", comprometendo-se a pagar um valor extra, talvez US$ 10 por mês, em impostos sobre a propriedade. A empresa de utilitários faz o trabalho de aterramento das linhas e é paga pela cidade, com os frutos do recolhimento das taxas. As cidades têm a oportunidade de aprovar esse mesmo modelo de financiamento para revitalizações eficientes, bem como projetos de energia renovável, em ambos os setores, residencial e comercial. (JONES: 2008)

Outra opção é uma vizinhança resolver trabalhar com os funcionários municipais para criar uma zona verde de tributação. Com isso, pagariam por revitalizações verdes dentro do bairro ou comunidade, os moradores que optarem por participar, concordariam em pagar uma pequena tributação adicionado à sua conta de imposto municipal sobre imóveis. Quando um número suficientemente grande de pessoas se inscreverem para participar, o bairro pode agrupar todas essas intenções e levá-las a um banco. Lá, poderia obter um grande empréstimo para cobrir as melhorias das casas em bloco, a uma taxa de juros muito mais baixa. Melhor ainda, a obrigação de reembolsar o empréstimo não recairia sobre o proprietário temporário, mas para a própria casa, como um penhor "verde". Todo ano, quem quer que seja o dono da casa naquele momento simplesmente pagaria parte do empréstimo como uma parte dos impostos sobre a propriedade. Como resultado, o custo da melhoria "verde" seria distribuído ao longo de vários proprietários. E para qualquer dono, a economia na conta de energia deverá mitigar a tributação anual do IPTU. Na verdade, a cidade de Berkeley, na Califórnia, está experimentando atualmente esse modelo. (JONES: 2008)

Tal abordagem criaria uma demanda por tecnologia limpa, verde (como painéis solares) e de trabalho para fazer isso acontecer (como a instalação de painéis solares). Na verdade, um acordo para contratar mão-de-obra local pode ser especificado de antemão, assim os benefícios permanecerão dentro da comunidade em todas as fases. E aqueles bairros que têm condições de optar e adotar o custo no início, terminariam criando oportunidades para que outros bairros mais pobres se tornassem "verdes" a custo mais baixo no futuro.

Ninguém, no bairro, seria obrigado a participar. Somente aqueles que se inscreveram pagariam a avaliação. Mas quem se inscrever para participar desfrutaria interessantes e visíveis vantagens – a economia de energia imediata e melhoramentos, sem incorrer em dívidas pessoais pesadas.

4.3.1.3. Estabelecer um orçamento de crédito-carbono

A proposta de se criar o sistema de créditos de carbono visa a compensar a emissão de gases que produzem o efeito-estufa por um programa que desperta nos países a vontade política de reavaliar os seus processos industriais e, com isso, reduzir a poluição na atmosfera e o seu impacto no aquecimento do clima.

Em razão disso foi criado um certificado que é emitido pelas agências de proteção ambiental reguladoras, atestando que, em determinado local, houve diminuição da emissão de gases geradores do efeito estufa. A soma de créditos de carbono varia de acordo com a quantidade de emissão de carbono reduzida. Assim, ficou convencionado que uma tonelada de CO^2 (dióxido de carbono) corresponde a um crédito de carbono.

Existem diversas formas de contenção, dentre as quais se destacam: substituição de combustíveis fósseis por energia limpa e renovável, como a solar, biomassa, eólica, reflorestamento, aproveitamento das emissões que seriam de qualquer forma descarregadas na atmosfera (metano de aterros sanitários) para a produção de energia, entre outras.

Por essas razões, as cidades precisam formatar um acordo de crédito de carbono. Usando este método, uma cidade pode avaliar o custo real de derrubar um prédio e da construção de um novo em comparação com o custo da renovação da estrutura original. Um orçamento de carbono é uma ferramenta indispensável para a construção de um orçamento da cidade e respectivos contratos, assegurando que a utilização dos impostos dos contribuintes apoia a economia limpa e verde.

No caso da reforma de seus próprios edifícios, as prefeituras têm a oportunidade de liderar pelo exemplo e demonstrar o seu compromisso em limitar as emissões. Os governos devem quantificar e atribuir um valor a todas as emissões de carbono do município (ou Estado) – incluindo todas as emissões industriais, comerciais e residenciais. Esse processo é um primeiro passo na redução gradual das emissões globais.

4.3.1.4. Definir alvos para o consumo de alimentos locais, resíduos zero e energia renovável

O governo municipal e estadual também pode tomar a iniciativa de promover a gastronomia local, apoiando "zero resíduos", e estimulando o uso de energia renovável. Até mesmo uma refeição leve pode representar uma tonelada de carbono, dependendo de quão longe cada parte do alimento percorreu para chegar ao prato. Quanto mais perto da mesa de jantar uma refeição é cultivada, menor a distância que os caminhões de carbono devem viajar para entregar os alimentos aos restaurantes. Portanto, aumentar a quantidade de alimentos produzidos localmente é uma forma inteligente de mitigar a poluição e o aquecimento global. Demais disso, simultaneamente aumenta o número de empregos na agricultura local. Uma campanha para apoiar o consumo de alimentos locais pode especificar que metade do alimento que abastece uma área urbana deverá vir de dentro de um raio de cerca de 320 Km. Esta meta poderia revitalizar a agricultura nas zonas rurais. E também traria oportunidades para jardins suspensos (telhados verdes), agricultura urbana (permacultura) e conversão de terrenos urbanos baldios ou não utilizados em áreas de permacultura. Tanto melhor se o alimento não é apenas local, mas orgânico, e não depende de hormônios e pesticidas.

Quando uma cidade assume um compromisso de resíduo zero, ela está essencialmente declarando que nada comprado ou utilizado dentro de seus limites pode ser jogado fora. Tudo deve ser recuperado ou utilizado para outra finalidade. Uma cidade pode definir metas intermediárias, como um plano para reduzir os resíduos sólidos urbanos em 70% até 2020. Quanto maior o alvo, maior as oportunidades empresariais e de trabalho para os moradores locais na área de reutilização e reciclagem. Uma economia de resíduo zero reduz o desperdício de resíduos e aumenta o trabalho. A razão para isso é simples. Imagine dois fatores lado a lado, um põe as coisas em conjunto e o outro desmonta, assim, as peças podem ser recombinadas para fazer outros produtos. Neste modelo, a cidade teria o dobro de empregos se todo o material que as fábricas lidam estivesse indo para um aterro sanitário ou um incinerador.

Outro passo positivo para as prefeituras é a fixação de objetivos para a utilização de um percentual de energia renovável. Cidades definiriam estes fins, criando o que se chama de Manuais de Padrões Renováveis (*Renewable Portfolio Standards*). Ao estabelecer grandes metas para a aquisição de energia limpa, as cidades podem estimular o investimento em energia solar, eólica e outras energias renováveis e aproveitar o crescimento dos empregos que seguem. (JONES, 2008).

Além disso, um compromisso com a substituição do concreto das vias públicas da cidade e outras áreas pavimentadas por superfícies permeáveis resolveriam os problemas de gestão da água que muitas cidades enfrentam. Chicago está à frente entre as cidades norte-americanas na exploração de revestimentos permeáveis.

4.3.1.5. Uso do planejamento para criar comunidades urbanas

Utilizando planos gerais e leis de zoneamento, é possível reconfigurar o modo como as comunidades urbanas são concebidas e como elas funcionam. Em 2030, 2/3 da população mundial estará vivendo em centros urbanos. No passado, houve um poderoso incentivo para o desenvolvimento de expansão para fora do centro da cidade. Mas, os efeitos da expansão foram maléficos sob o ponto de vista da emissão de CO^2. Ela rompeu o tecido social da sociedade, necessitando de carros para todos, contribuindo para o aquecimento global e catástrofes climáticas; além disso, destroem espaços verdes.

Uma das soluções seria uma estratégia chamada: Desenvolvimento do Tráfego Orientado (*Transit Oriented Development*), que significa a criação intencional de "andáveis" automóveis, autossustentáveis, vilas urbanas mistas. Nas vilas urbanas, as pessoas têm acesso à habitação, a lojas e espaços de lazer e de trabalho – ou o transporte público para levá-los ao trabalho. As cidades devem se comprometer com o desenvolvimento vertical (agrupar as habitações e empresas dentro dos limites da cidade, não na periferia). Responsáveis pelo zoneamento e planejamento urbano também devem comprometer-se com o controle da densidade demográfica (expandindo para cima, não para fora).

4.4. ECOLOGIZAÇÃO DO GUETO

Cumprindo o compromisso de "ecologização" do gueto, Jones (2008), também é cofundador de uma campanha nacional para estimular os trabalhadores de baixa renda no rumo de trabalhos que beneficiem o planeta. Em 2007, foi proposta a *Green Job Corps*, que foi aprovada em *Oakland*, dando a jovens em situação de risco social, a ex-criminosos e a trabalhadores de baixa renda a oportunidade de uma formação qualificada no domínio da energia limpa. Seu plano para melhorar a terra, a comunidade e a economia, ao mesmo tempo, ganhou impulso quando o *Green Jobs Act* de 2007 foi aprovado com a ajuda da líder democrata na Câmara, Nancy Pelosi. Esta legislação inovadora destinou US$ 125 milhões para treinar milhares de trabalhadores a avançarem junto com a nação para um futuro mais verde. Alimentado pelos ganhos desta nova missão, Jones fundou a campanha "Verde para Todos", uma organização baseada em *Oakland* que leva a ideia de colarinho verde como sendo um pensamento corrente.

No início de 2009, o Conselho da Casa Branca sobre Qualidade Ambiental (CEQ) anunciou a nova posição de Jones na administração de Obama como o assessor especial para Empregos Verdes, Empresas e Inovação. Segundo um comunicado emitido pela presidente da CEQ, Nancy Sutley, Jones vai trilhar um novo caminho para ajudar a "avançar a agenda do presidente de criar postos de trabalho no século 21 que melhorem a eficiência energética e utilizar os recursos renováveis." Esta posição permitirá a Jones continuar a sua meta de uma economia inclusiva, promovendo a energia verde do governo "e as iniciativas climáticas com um interesse específico em melhorias e oportunidades para as comunidades vulneráveis." (JONES, 2008)

A Campanha Verde para Todos foi decisiva para a obtenção de US$ 500 milhões para treinamento no segmento do trabalho verde, como parte do pacote do governo Obama de recuperação de US$ 48 bilhões para capacitação profissional e educação.

Por derradeiro, não é possível falar em qualquer processo de "Esverdeamento do Gueto", sem lembrar a maior líder negra dos E.U.A., na luta pela melhoria do meio ambiente, abordando essa estratégia de forma inclusiva e antidiscriminatória: trata-se de Marjora Carter, a fundadora da combativa ONG *SSBx* (*Sustainable South Bronx*), situada no *Bronx*/NY, hoje uma das mais prestigiadas palestrantes no círculo acadêmico mundial.

Carter cunhou a expressão Racismo Ambiental (*Environmental Racism*), o qual é definido como uma tendência de governos ou grandes empresas de colocar materiais tóxicos, perigosos ou desinteressantes para as indústrias, em bairros pobres, como expressou: "guetos". A razão dessa escolha discriminatória, ainda segundo a conhecida líder ambientalista, se dá porque os bairros de classe média e média alta apresentam casas subsidiadas, nenhum parque industrial e reagem fortemente a quaisquer formas de ameaças que coloquem em risco a valorização imobiliária e saúde dos seus moradores. (CARTER, 2009).

Ela não está errada em suas bandeiras. É só observar que os "aterros sanitários" (lixões) no Brasil, e demais países periféricos, normalmente se localizam em bairros pobres e distantes. No caso norte-americano, por exemplo, pode-se citar a reclamação geral dos moradores do *Bronx*, pela existência de plantas (usinas) de tratamento de lixo no bairro, que juntamente com os gases emitidos pela imensa frota de caminhões que cruzam diuturnamente suas ruas, provocam sérios problemas de asma nas crianças.

Capítulo 5

SUGESTÕES

5.1. Porque a opção pela história em quadrinhos (HQ) como ferramenta de conscientização de crianças e adolescentes

Como meio facilitador para levar as ideias deste trabalho à sociedade, especialmente ao público infanto-juvenil, será utilizada a História em Quadrinhos (HQ). Serão abordadas questões relacionadas a qualidade de vida e meio ambiente, tencionando provocar reflexões quanto aos danos ambientais gerados pelo homem, e consequentemente, despertar para que evite-se *quebrar* as primeiras *janelas*, violando a qualidade de vida da coletividade.

Um dos fundamentos para o emprego de recursos visuais para educar crianças e adolescentes, é o pensamento do norte-americano Skinner, cuja influência, por sua vez, remonta a Ivan Pavlov. Ganhador do Prêmio Nobel de 1904 na categoria de medicina fisiológica, Pavlov ficou famoso por sua experiência com um cachorro. Ao mostrar comida para um cão, o cientista percebeu que este salivava e chamou a isso reflexo incondicionado. Em um segundo momento, o cientista tocou uma campainha e anotou que a resposta do cão era apenas virar a cabeça para olhar de onde se originava o som. Pavlov passou a tocar a campainha toda vez que apresentava a carne ao cão. Em um terceiro momento, apenas o toque da campainha já era capaz de provocar salivação no animal.

Pavlov conclui que o comportamento dos seres vivos pode ser controlado através de um processo de condicionamento. Para isso, basta associar à resposta desejada uma outra resposta, já natural do organismo e agradável. Para Pavlov, a recompensa deveria vir um pouco antes do estímulo que se quer condicionar para que se estabeleça uma relação. Para o cientista, também é necessário um reforço constante para manter o comportamento desejado. Essa técnica é utilizada pelo marketing de consumo, quando os anúncios associam situações de prazer (viagens, esportes, sexualidade) com produtos.

Skinner reformulou a teoria de Pavlov, lançando as bases do neo-behavorismo ou teoria do condicionamento. Para eles, existem dois tipos de comportamento: o comportamento respondente são os reflexos e respostas inatas ao ser humano. São respostas naturais. Quando nosso corpo começa a tremer quando está frio, por exemplo, temos um comportamento respondente. Já o comportamento operante é aquele cuja frequência foi aumentada ou diminuída como resultado de um condicionamento.

Consoante Skinner, todos os comportamentos têm a mesma possibilidade de ocorrer, mas se determinada resposta for reforçada, esse comportamento terá maior chance de ocorrer do que outros. Skinner afirma que o reforço à resposta deve ocorrer depois do comportamento desejado. Para ele, se, no momento em que houver uma resposta correta, houver um reforço, o sujeito terá uma tendência a repetir esse comportamento. Por outro lado, se não houver reforço, o comportamento terá uma tendência a ser extinto. Um exemplo é a criança que faz bagunça para chamar atenção dos pais. Se os pais não demonstrarem nenhuma atitude, a tendência da criança será parar esse comportamento. Por outro lado, a criança que é aplaudida e parabenizada ao guardar os brinquedos de forma organizada, terá a tendência de apresentar novamente esse comportamento. Para essa corrente de pensamento, a inteligência é vista como a capacidade do organismo de responder aos estímulos do ambiente. Uma pessoa inteligente é aquela que responde melhor ao condicionamento. Para a teoria comportamental, a função da escola é manter e conservar os padrões de comportamento aceitos como úteis e desejáveis para uma determinada sociedade, dentro de um determinado contexto cultural, assim como eliminar os comportamentos indesejáveis.

Os comportamentos desejáveis por parte dos alunos são mantidos através de reforços imediatos, como elogios, notas, prêmios; e reforços remotos, como diploma, vantagens na futura profissão e possibilidade de ascensão social.

Adaptando o pensamento de Pavlov e Skinner às teorias ecológicas do crime é possível acreditar no sucesso do emprego de HQs como veículo de informação e, principalmente de formação junto a crianças e adolescentes, ao menos até os 13 e 14 anos, época em que o foco dos púberes descola-se da fantasia rumo à vida adulta. Mas, a principal razão da aposta na HQ fica por conta da constatação de que é quase raro que os adultos de hoje não tenham lido quando crianças, principalmente, os meninos, estórias em quadrinhos em profusão. Assim, como o popular gibi é de fácil leitura e rápida identificação, indiscutivelmente, as boas condutas (civilidades) nele retratadas, descritas e reiteradas (comportamento operante e reforço a resposta) serão assimiladas pelos garotos, assim como foram vários heróis que estão na memória de todos até o presente.

Foi falado há pouco em civilidades. Todos que já leram as obras de George Kelling e James Wilson conhecem a acepção incivilidades – justamente o contrário – como sendo os principais motores dos pequenos delitos. Esses duramente combatidos desde a introdução, em Nova Iorque, do policiamento das janelas quebradas, o qual não tolera o menor ilícito, para não estimular os maiores. Mas, o que é civilidade? Consoante o Aurélio, civilidade é o "conjunto de formalidades observadas entre si pelos cidadãos em sinal de respeito mútuo e consideração". (AURÉLIO, 2007).

Gomes (2009), em percuciente artigo, ensina que se extrai desta definição, três pontos importantes:

a. A civilidade tem tudo a ver com "formalidades" (sociais), ou seja, convenções sociais, construções sociais, regramentos criados pelos (e para os) seres humanos;
b. Todos os indivíduos devem observar essas regras (aliás, quando razoáveis, quem não as observa passa a ser um bárbaro, um selvagem, um ser humano ou monstro em "estado natural", como dizia Hobbes); e
c. Para que haja respeito mútuo, consideração recíproca, isto é, uma convivência saudável (ou ao menos suportável). (http://www.migalhas.com.br/mostra_noticia_articuladas.aspx?cod=98664,.2009)

Em seguida arremata: "Civilidade, em suma, é o conjunto das regras éticas ou morais ou comportamentais mínimas para dar sustentabilidade à nossa convivência." (GOMES, 2009).

Destarte, se um herói infanto-juvenil passa a ensinar que "o barato", "a moda" é ser íntegro, limpo, não poluir o meio ambiente, não usar drogas, não praticar incivilidades – não desrespeitar o próximo, danificando o patrimônio alheio ou maltratando pessoas, por exemplos – naturalmente, e com o passar do tempo, que isso como reforço escolar e da educação familiar surtirá efeito, ajudando na formação cidadã.

Por outro lado, insta gizar que os únicos países do mundo em que os heróis nacionais fazem mais sucesso que os estrangeiros (*Marvel Comics*, Mickey, Donald, Tarzan etc.) são o Japão (Mangás) e o Brasil (Turma da Mônica etc.).

5.2. Dinâmica de Exposição e Absorção das HQs

Einstein, na Teoria da Relatividade, ensina que o tempo não é absoluto, mas relativo à posição do observador. Na essência, a HQ faz desse postulado uma realidade. O ato de emoldurar a ação não só baliza sua amplitude, mas institui a posição do leitor em relação à cena e indica a duração do episódio. De fato, a HQ informa o tempo. A grandeza do tempo transcorrido não é noticiada pelo quadrinho por si só, como logo demonstra a análise de uma série de quadrinhos em branco. Eisner (2001, p. 28), cartunista e emérito professor da *School of Visual Arts* de Nova Iorque, explica:

> *A imposição das imagens dentro do requadro dos quadrinhos atua como catalisador. A fusão de símbolos, imagens e balões faz o enunciado. Na verdade, em algumas situações, o contorno do quadrinho é inteiramente eliminado, com igual efeito. O ato de colocar a ação em quadrinhos separa as cenas e os atos como uma pontuação. Uma vez estabelecido e disposto na sequência, o quadrinho torna-se o critério por meio do qual se julga a ilusão do tempo.*

O papel principal das HQs é compartilhar ideias e ou histórias através de figuras e mensagens curtas, que abrangem a dinâmica de certas representações (tais como pessoas e coisas) em dado ambiente. Para cuidar da apreensão desses acontecimentos ao longo da narração, eles devem ser fragmentados sequencialmente. Essas frações são chamadas quadrinhos, embora não correspondam aos conjuntos cinematográficos, são componentes do processo de criação e não da tecnologia. Trata-se, portanto, de um excelente meio informal de levar a educação ambiental, além de conceitos éticos e morais às pessoas de todas as idades.

Aliás, não é novidade o uso de HQs para disseminar conceitos éticos e morais. Desde o início do século XX, a linguagem quadrinística vem sendo empregada por governos, empresas, instituições em geral para repassar noções sobre educação, patriotismo, boas maneiras e até treinamento e disciplina militar. Mao Tse-Tung, após derrubar o governo nacionalista chinês em 1949, utilizou largamente a linguagem dos quadrinhos nos programas governamentais de educação popular, tendo como protagonistas de suas histórias os representantes da nova sociedade comunista que tencionava estabelecer no país (como soldados, estudantes, lavradores e trabalhadores do povo em geral). Destarte, as histórias do *Comandante Mao* enfocavam a vida de um soldado que, ao se deslocar de sua unidade para a cidade, encontrava no caminho uma senhora idosa sem forças para caminhar e, desviando-se do seu rumo, a leva em suas costas até a casa onde mora, passando a ideia de solidariedade coletiva que o governo queria incutir, como de fato conseguiu, na população (VERGUEIRO: 2009).

De outra banda, o emprego de quadrinhos para noticiar o fluxo do tempo, o enquadramento de imagens que se movem através do espaço abrange ações, pensamentos, conceitos e ambientes. Assim, as HQs lidam com os rudimentos e componentes mais amplos da conversação que se materializa através da capacidade visual, percepção e cognição. O criador, para ser bem-sucedido nesse plano não falado, deve considerar a junção da experiência humana e o fenômeno da percepção que temos dela através dos quadrinhos. Como se o leitor estivesse ao lado do vagão do trem que Einstein usa para ilustrar sua teoria da relatividade, como um assistente privilegiado.

Eisner (2001, p. 38), mais uma vez, citando Norman Cousins, esclarece:

> [...] o pensamento sequencial é o trabalho mais difícil de todo âmbito do esforço humano [...], então a obra do artista sequencial deve ser avaliada por sua compreensibilidade. O artista sequencial "vê" pelo leitor porque é inerte à arte narrativa exigir do espectador reconhecimento, mais do que análise. A tarefa então é dispor a sequência dos eventos (ou figuras) de tal modo que as lacunas da ação sejam preenchidas. Conhecida a sequência, o leitor por fornecer os eventos intermediários, a partir da sua vivência. O sucesso brota aqui da habilidade do artista (geralmente mais visceral que intelectual) para aferir o que é comum à experiência do leitor.

5.3. A HQ como Meio de Divulgação e Convencimento

Através da HQ, desde o início, prende-se a atenção do leitor, ditando a sequência e as palavras-chaves que serão repassadas de forma ostensiva ou subliminar durante a narrativa. O óbice mais respeitável a se ultrapassar é a disposição do olhar do leitor a perder o foco. O simples folhear das páginas identifica, de forma mecânica, um relativo controle do criador, mas não da forma absoluta como acontece no cinema. Visto que no cinema os estímulos sensoriais são em menor número do que o cérebro humano é capaz de perceber simultaneamente – em torno de 7 – estando assim o espectador fixado à obra do criador, sem ter a liberdade de pausar para refletir após cada quadrinho, o que as HQs permitem, facilitando e aprofundando o processo de aprendizado e compreensão das mensagens.

Uma das principais vantagens das HQs é que elas não tornam as mentes dos receptores cativas – cinema ou TV as deixam lentas, apáticas, alienadas e/ou letárgicas, consoante os vários estudos que abordam os mistérios da atividade neural da mente humana em reação a telinha e telona.

Não é despiciendo lembrar que o espectador de um filme é impedido de ver o quadro seguinte antes que o criador o permita, porque essas representações, impressas nos fotogramas, são exibidas um a um. Nesse curso, é adequada a lição de Theodor Adorno com sua teoria sobre a música ligeira, ao traçar um paralelo com a velocidade em que a mensagem pretendida é passada e assimilada pelo espectador através das telas do cinema, o que não dá azo a uma reflexão mais acurada, pois o ritmo não permite uma cabal absorção através de uma reflexão ao curso da interação com a arte.

Posto isso, entendemos que há pouca ou nenhuma dúvida do grau de abstração que as HQs retratando as aventuras de heróis de ontem ou de hoje provocam em crianças e adolescentes. Descritas muitas vezes, sem a menor preocupação ética ou moral, essas histórias não raras vezes estimulam sentimentos negativos como: vingança, inveja, ódio, traição, ambição, etc. Raramente encontram-se no Brasil, – a exceção dos quadrinhos produzidos por Mauricio de Souza – mensagens ainda que subliminares, quanto à Educação Ambiental ou outra forma pedagógica de conscientização dos menores no que toca aos seus papéis como protagonistas da melhoria da qualidade de vida, de suas famílias, da escola e de suas comunidades.

Não é curioso, que alguém possa comprometer tanto tempo para ler HQs que, ao final, não o deixará com mais dinheiro, mais inteligente e que no máximo, extrairá apenas o prazer da leitura?

Assim, envolver crianças e adolescentes de até 14 anos com a leitura de HQs e cartilhas ilustradas contando aventuras e desventuras de um herói infanto-juvenil (A Turma do Guga), com seus pares, interagindo com adultos abordando os problemas (Janelas Quebradas) e a superação desses na comunidade, é uma estratégia que, *data venia*, não há contra-indicação, nem maiores dificuldades. Melhor, só tem motivos a merecer a aposta em favor, considerando que, na espécie, as abordagens terão sempre uma finalidade educativa, com viés na educação ambiental, que por sua vez, será a principal ferramenta a serviço da difusão da doutrina das janelas quebradas. Esta, que em síntese apertada, se traduz pela conhecida e incontroversa máxima popular: é melhor prevenir que remediar.

Não é demais lembrar que na Europa, a uso da linguagem das histórias em quadrinhos como apoio a temas educativos de uma maneira lúdica, acentuou-se durante a década de 1970. Na França, a editora Larousse atingiu grande êxito comercial com 08 (oito) volumes de *L'Histoire de France* em BD (*bande dessinée* – desenho em quadrinhos), vendendo 6000 milhões de exemplares em sete anos. Vendo o sucesso dessas publicações, outros editores franceses logo se interessaram pela possibilidade de utilizar os quadrinhos na transmissão de conteúdos escolares e o número de títulos cresceu nos anos seguintes, podendo-se destacar, entre outros, *La Philosophie en Bande Dessinée, Psychologie en bande dessinée, L'Aventure de L'équipe de Cousteau*. (VERGUEIRO: 2009)

No Brasil, a primeira publicação infantil a divulgar os quadrinhos, a revista o Tico-tico, iniciada em 1905, tinha histórias de conteúdo moral que visavam ensinar aos meninos de sua época como as boas crianças deveriam se comportar. (VERGUEIRO, 2001).

Do ponto de vista da Neurofisiologia é sabido que a análise da atenção visual pode fornecer indícios importantes da percepção consciente do aluno quanto a determinados conteúdos. Especialmente quando esse apelo visual é através de HQs que retratem situações afins, palpáveis e que os heróis da trama sejam tão normais quanto o leitor e seus conhecidos.

Grande parte das informações sensoriais recebidas pelos receptores periféricos do nosso corpo tem que ser filtrada e eliminada dentro do cérebro, do mesmo modo como desconsideramos o fundo de uma imagem quando focalizamos o quadrinho. Apesar de o sistema visual conter extensas vias paralelas para processar simultaneamente diferentes fluxos de informações, a quantidade dessas informações que atinge os centros mais superiores do processamento no cérebro é limitada pelo mecanismo da atenção seletiva ou focalizada. A atenção seletiva tanto elimina certas características quanto aguça nossa percepção de outras. Nessa estratégia de que os bons até sofrem, mas ao final sempre vencem, alguns estímulos se destacam na consciência.

A questão é complexa, porém, não impede que se possa concluir que a exploração da atenção visual nos leva a definir os mecanismos neurais de uma instância específica da consciência. Esta e seus complexos elementos: à vontade, a intenção e a autoconsciência, não escapam da influência do meio ambiente e das circunstâncias, componentes que interagem e são assimilados, *prima facie*, pela visão. A consciência em suas várias formas é produto de um conjunto generalizado de mecanismos neurais, entre eles a atenção visual que os HQs despertam e atraem nos menores, o que nos coloca no caminho de um nível de autocompreensão que sabemos ser certo e inexorável.

Por estas razões, e pelo próprio empirismo no qual se assistiu o sucesso de personagens politicamente corretos como: Senninha, Mônica e Anjinho da Turma da Mônica, no Brasil; ou Mickey, Príncipe Valente, Capitão América entre tantos nos E.U.A.; Timtim, Corto Maltese na França, Harry Potter na Grã Bretanha entre outros, tem-se muita esperança do sucesso da "Turma do Guga". Ainda que abordando temas tão complexos (degradação ambiental, violência, vandalismo, intolerância, gangues, espírito de corpo, altruísmo, fraternidade, etc.) sob o crivo da teoria das *janelas quebradas* e da Educação Ambiental em HQs, haverá uma boa receptividade do novel herói e seus camaradas no seio infanto-juvenil.

À GUISA DE CONCLUSÃO

Falar de forma conclusiva em torno de assuntos altamente dinâmicos como meio ambiente direito ambiental, educação ambiental, teoria das janelas quebradas, economia do colarinho verde, movimento do colarinho verde, criminologia, política criminal e políticas públicas, é peremptoriamente defeso, mormente numa monografia como esta, que tem como meta, além de alcançar o escore necessário para a sua aprovação, enquanto requisito essencial para conclusão do Curso de Pós-Graduação em Direitos Humanos na conceituada Escola Superior da Procuradoria Geral do Estado de São Paulo, instigar os leitores a reflexões sobre os temas e opiniões aqui apresentadas.

Destarte, considerando todo o exposto, algumas considerações finais são possíveis de serem materializadas, como as seguintes:

a. A respeito da elevação em nível de norma constitucional do meio ambiente, e, por conseguinte, do direito ambiental, foi visto que a partir da Constituição Cidadã, a matéria passou a ser contemplada como um bem juridicamente protegido de forma pioneira. Silva (2004, p. 46), nesse curso, lembra que: "a

Constituição de 1988 foi, portanto, a primeira a tratar deliberadamente da questão ambiental", apresentando dispositivos para sua proteção e controle.

O assunto está disciplinado em vários títulos e capítulos da Constituição. O Título VIII (Da Ordem Social), em seu Capítulo VI, no art. 225, *caput*, determina que "todos têm direito ao meio ambiente ecologicamente equilibrado, bem de uso comum do povo e essencial à sadia qualidade de vida, cabendo ao Poder Público e à coletividade o dever de defendê-lo e preservá-lo para as presentes e futuras gerações". Restando claro, que cumpre não apenas à Administração Pública a obrigação de proteger os ecossistemas, mas a todos, indistintamente.

Assim, o Direito Constitucional brasileiro criou uma nova classe de bem: o bem ambiental, um direito difuso, que pertence à coletividade, logo indisponível e fundamental à sadia qualidade de vida.

A respeito da condição de direito difuso, atinente ao meio ambiente, Di Pietro (2003, p. 545) leciona que "consideram-se bens de uso comum do povo aqueles que, por determinação legal ou por sua própria natureza, podem ser utilizados por todos em igualdade de condições". Os quais, conforme a lição de Fiorillo são aqueles que o povo se utiliza, sem restrição, gratuita ou onerosamente, sem necessidade de permissão especial. "Não cabe, portanto, exclusivamente a uma pessoa ou grupo, tampouco se atribui a quem quer que seja sua titularidade" (FIORILLO, 2007, p. 67).

Encerrando essa abordagem Figueiredo (2000, p. 15), sentenciou que "a degradação ambiental coloca em risco direto a vida e a saúde das pessoas, individual e coletivamente consideradas, bem como a própria perpetuação da espécie humana". Daí a importância de termos um meio ambiente ecologicamente equilibrado.

b. O meio ambiente de uma forma geral está ameaçado. Cresce o número de operações, invenções, edificações e outras obras do homem que continua tratando muito mal a Mãe--Natureza, na era pós-industrial, também conhecida como sociedade de risco (BECK, 2001).

---

c. A solução, ou melhor, as soluções para esse gigantesco impasse provocado pela poluição e degradação ambiental, que muitos entendem de forma simplista e fatalista, como "o preço inexorável do progresso" – e não é, pois muitos países já conseguem crescer sem destruir tanto os biomas – não são fáceis de alcançar, mas, nem por isso são impossíveis de concebê-las. E nesse âmbito, os especialistas relacionam, sem unanimidade, uma centena de caminhos a serem trilhados. Todavia, uma alternativa sobre qual não há polêmica, nem contra-indicação é a Educação Ambiental. Esta, sem dúvida, impregnada com conceitos de ética e cidadania, nos moldes da teoria das janelas quebradas, com certeza, gradualmente, será feita a diferença para melhor, quanto à assimilação dos conceitos preservacionistas dos ambientes natural, artificial e cultural.

---

d. Lançando mão das abalizadas reflexões do Prof. Dr. Waldomiro Vergueiro que pautado no acervo da USP – Universidade de São Paulo, coordenou o mais completo estudo sobre a literatura e o simbolismo dos HQs no Brasil e no Exterior, observa-se que:

> *[...] em praticamente todos os países do mundo é possível encontrar exemplos de utilização de linguagem dos quadrinhos nos mais diferentes setores ou atividades humanas, seja com finalidade de educação e treinamento, de entretenimento, como com fins de divulgação ou publicidade de produtos*

de comerciais. Tudo isso evidencia o potencial das histórias em quadrinhos para atingir todas as camadas da população. Da mesma forma, essa utilização evidencia a popularidade do meio na sociedade, distinguindo o potencial como um dos mais conhecidos, ainda que nem sempre aceito por todo o público. (VERGUEIRO: 2009)

Dentro das estratégias de convencimento das crianças e adolescentes, foi apontada a utilização de HQs com um novo herói púbere, pobre, afrodescendente, órfão de pai, e assim mesmo, feliz, política e ecologicamente correto: o "Guga". A partir de estórias usando a teoria das *Janelas Quebradas*, políticas públicas e direitos humanos, e tendo sempre o meio ambiente como pano de fundo, Guga, sua turma e membros da comunidade da Vila Arara vivem aventuras, feitos e emoções. Todas as mensagens subliminares do gibi têm a intenção, também, de contribuir para a elevação do moral dos menudos leitores, enfatizando que o crime não compensa, e que existem vários caminhos lícitos para a melhoria da qualidade de vida de todos, os quais passam principalmente pelo esforço pessoal, trabalho comunitário e respeito aos direitos fundamentais.

e. Foi analisado o modelo de policiamento de qualidade de vida do Estado de São Paulo, em fluxo na capital paulista, com destaque para o projeto, e não programa – não tem orçamento próprio – Virada Social como a grande ideia em vigor, inspirado na teoria das janelas quebradas, ou no policiamento das janelas quebradas, mais conhecido como Tolerância Zero de Nova Iorque. Em decorrência do observado, fica evidenciado que o Poder Público, através da Polícia Militar paulista está dominando e desempenhando a primeira fase (operação policial ostensiva e apoderamento do território com altos índices de violência) do policiamento de qualidade de vida nos moldes nova-iorquinos, com competência e com bem menos recursos humanos e materiais que os usados naquela capital. Todavia, o desenvolvimento da 2ª fase, que compreende a manutenção da ordem e gerenciamento dos serviços públicos deficitários, bem como controle e supervisão das atividades das forças amigas (ONGs e OSCIPs) são deficitários. Com isso, restam comprometidos 50% do programa Virada Social, pois não se consegue dar o 2º passo.

---

f. A Teoria das *Janelas Quebradas* (Kelling & Wilson) detém uma fórmula muito simples: o crime floresce na desordem. Se aparece uma janela quebrada em um prédio e a mesma não é reparada, logo aparecerão outras. Assim, quem passa nos arredores conclui que ninguém se importa com o imóvel, que não há alguém no comando, logo, esta sensação de abandono contagia outras pessoas, repercutindo pelos imóveis vizinhos e vai deteriorando a região.

O que parece algo ínfimo, um pequeno detalhe, *a posteriori*, é o primeiro passo para uma sucessão de dificuldades. Relevando a repressão aos pequenos delitos e problemas de menor monta, a polícia de Nova Iorque conseguiu resultados espantosos em suas estatísticas da criminalidade.

Um dos grandes desafios para o alcance e preservação de um meio ambiente sadio e equilibrado é a conscientização da coletividade. E para isso é vital desenvolver hábitos de economia individual, a qual em bloco produz um efeito coletivo de grandes proporções. Exemplo típico é o desperdício de água praticado por cada brasileiro, quase sem exceção, durante o banho; na irrigação do jardim ou na lavagem do carro. Imagine-se que, minimamente, perdem-se 02 litros por dia, se multiplicar *grosso modo* pela população brasileira, dá para imaginar o quanto se perde em quantidade de litros/dia? Algo em torno de 380 milhões de litros de água potável ao dia. Um absurdo, considerando que no planeta há uma infinidade de comunidades que não têm água em suas casas e para acessar ao líquido precioso, são obrigadas, muitas vezes, a percorrerem grandes distâncias. Dentro dos critérios adotados pela filosofia das janelas quebradas, – em que se consagra que não se pode negligenciar as pequenas falhas, nem incivilidades, sob pena de se implantar a desordem e a violência – chegam-se a algumas verdades. Como as de que existem pequenas coisas que fazem a diferença e que vale a pena prestar mais atenção (jogar lixo no terreno vizinho, além de poluir, atrai insetos, ratos e doenças, as pichações não só deterioram a estética urbana, como transmitem a sensação de insegurança e desordem, atraindo oportunistas e delinquentes, etc.).

Caso similar é o daqueles que moram num imóvel durante anos sem fazer qualquer tipo de reforma, sem revisar os níveis elétricos e hidráulicos, usando tudo o que está disponível até o limite, sem grandes consertos. Paulatinamente, a moradia se tornará um lugar insalubre, desagradável e inseguro. Os moradores não suportarão viver sob condições precárias, e decidirão que a casa não tem mais jeito. Uma mudança foi a solução encontrada para os moradores, mas não para o imóvel, que, se abandonado, logo será transformado em local de crime por oportunistas e reincidentes. Esta condição de decadência se transmitirá para o vizinho e daí por diante, afetando o meio ambiente artificial e cultural no qual cresce a comunidade. Difícil perceber quando surgiram os primeiros sinais de deterioração, ou seja, quando foi que a primeira janela foi quebrada. Todavia, se ela fosse consertada outra seria a vida daquela rua ou comunidade.

Em Nova Iorque, onde tudo começou, com a materialização da teoria das janelas quebradas através do policiamento dos crimes contra a qualidade de vida, o inicio foi dado através de uma simples, porém ousada decisão política do Prefeito, especificamente por meio da Autoridade de Trânsito (que compreende o Metrô, o tráfego rodoviário e ferroviário que, na época, 1994, era comandada por Bill Bratton) que não mais seria permitido que os vagões do metrô fossem pichados, entre outras medidas profiláticas. Criou-se um programa eficaz de reparos que garantia imediata reposição em caso de uma ocorrência. Ou seja, não havia uma janela quebrada que estimulasse novos danos. Ficou clara a ideia de que havia uma autoridade presente e que não seriam toleradas aventuras contra a lei. Esse sentimento emergiu do Metrô para as ruas de Nova Iorque, com a promoção de Bratton à Comissário de Polícia e dura até a presente data, ainda que sob a chefia de outras lideranças.

g. Se faz mister deixar patente que disciplinas como Educação Ambiental e Informática, por exemplo, e espaços interdisciplinares (cursos profissionalizantes, cursos de conscientização cidadã, como prevenção as drogas, a acidentes de trânsito, reciclagem de resíduos sólidos, etc.) devem ser vistos como complementares, e jamais como concorrentes em relação a outras matérias ou projetos. É importante que sejam instituídas ferramentas flexíveis de mensuração e de apoio afinadas com a interdisciplinaridade.

h. Pode-se depreender que a visão generalista e integradora da Educação Ambiental não a inferioriza com relação às disciplinas especializadas, porquanto, essa ótica holística é um requisito importante para encarar os complexos problemas do dia a dia.

i. No tocante à abordada intersecção entre a Criminologia, Política Criminal e Meio Ambiente, e por extensão com a própria Educação Ambiental, é indiscutível à luz do exposto, e partir de princípios e conhecimentos que remontam ao Séc. XVIII – Lacassagne (1885) "o meio social é o caldo de cultura da criminalidade, sendo o delinquente um mero micróbio que não tem qualquer importância enquanto não encontra a cultura que provoca a sua multiplicação" – da ampla influência da comunidade que é parte do meio ambiente, na formação criminosa do indivíduo.

Por efetivo, pode-se dizer que melhor andaria o sistema penal pátrio se destinasse mais verbas para a prevenção criminal primária, sempre preterida pelos governantes, por não atender ao imediatismo cobrado pela mídia e pela grande maioria da população, além de suas ambições de curto prazo, que varia entre a reeleição e o locupletamento.

Se mudanças na legislação resolvessem o problema da criminalidade, o Brasil, hoje, seria um paraíso, em decorrência do vasto complexo normativo que já produziu. Mudanças devem haver, porém o foco é a mentalidade da sociedade, especialmente da juventude.

Percebe-se, pois, que não mais é possível ao Poder Público deixar de reconhecer que a simplória ação de "tentar" reprimir vale menos que a ação de prevenir. Continuar o foco essencialmente na repressão penal é mecanismo falho, reprovado pelo tempo e rejeitado pela falta de eficiência. Não se pode focalizar unicamente no efeito e olvidar-se da causa.

---

j. Ao final, é possível também concluir que não há sociedades perfeitas. Há sociedades possíveis e comunidades que podem ser melhoradas. E, normalmente, essa elevação ou melhoria da qualidade de vida de todos é alcançada sempre com constrição de alguns direitos individuais em favor do direito da comunidade. Assim, expressa o Contrato Social, assim exigem as sociedades democráticas mais modernas.

Como se sabe, não é nada fácil construir um paradigma social pautado em valores éticos, morais e de preservação ambiental. Mormente, numa sociedade civil, em que a grande maioria foi criada sob o signo da "Lei de Gerson" (célebre comercial televisivo de cigarros que notabilizou o famoso meia-esquerda da seleção canarinha pela frase: "gosto de levar vantagem em tudo, certo!"). Em que programas e novelas das grandes redes de TV festejam anti-heróis que são golpistas, fraudadores, entre outros maus predicados, os quais no final da trama se dão bem, escapando impunes da justiça.

No caso específico da criminalidade, nenhum governo funciona se for apenas reativo. É preciso ser proativo, se antecipar, fazer prevenção.

---

k. Na questão da segurança pública, governos que apenas reagem, ou seja, que só combatem as consequências tendem a ser mais violentos e menos eficientes. Além das razões apontadas, sabe-se que a administração pública de uma forma geral opta pelas ações reativas à violência em suas múltiplas formas por serem, aparentemente, mais econômicas. A *posteriori*, vê-se que é uma grande falácia, pois os custos da não-prevenção a violência são comprovadamente mais onerosos. Não é necessário ir muito longe para constatar essas verdades. Por exemplo, quanto o município gasta anualmente com as vítimas de acidentes domésticos (choques elétricos por negligência, etc.), de trânsito, de violência doméstica (espancamento), abuso de drogas, inclusive alcoolismo na rede de saúde oficial? Quanto poderia ser economizado se noções de ética, cidadania, saúde familiar e pessoal, direitos humanos fossem ensinados nas escolas públicas, com foco nos males ora listados?

De acordo com as convicções ideológicas e sociológicas dos críticos de plantão, a violência urbana será interpretada, de forma simplista como resultado pura e basicamente de problemas sociais, isto é, da pobreza, como se os pobres fossem criminosos naturais ou potenciais. Se assim fosse, bastaria que todos os brasileiros tivessem uma renda *per capita*, igual aos países nórdicos para que acabassem os crimes no país. Outro sofisma, pois os crimes de colarinho branco (*White Collar Crimes*), o abuso e tráfico de drogas, crimes contra a pessoa, contra a honra, e mesmo contra o patrimônio são constantes mesmo naquelas nações nórdicas. O que diferenciam são os índices de criminalidade, que são infinitamente menores que os brasileiros.

Nessa trilha, é incontestável que os reduzidos números da criminalidade dos Estados do norte europeu foram alcançados por vários fatores, entre eles: ações proativas, agilidade na prestação jurisdicional, seja na área penal seja na área cível, um aparelho policial eficiente, serviço público com nível de corrupção próximo a zero e, basicamente, pelos altos investimentos na educação, esportes, saúde e trabalho. Todos sabem, porém, dos baixos percentuais que são investidos nestes campos, notadamente na educação brasileira.

O quadro se agrava na medida em que quase sempre (com raras exceções) não existe avaliação posterior ao trabalho desenvolvido, sendo esta relegada a um segundo plano em favor de novos projetos e comprometimentos com outras instituições de fomento, tão logo do término daquele. Não existindo avaliação, não há meios de se saber que as alterações foram positivas e quais não surtiram o efeito esperado.

---

l. No estudo das áreas degradadas de São Paulo e de Nova Iorque, foram enfocados o quadrilátero no qual se localiza a Cracolândia, na região central da capital paulista, e o Sul e o Centro do bairro do Bronx (*South Bronx*), considerada a área mais violenta e pobre da metrópole norte-americana. Ambas foram e continuam sendo objeto de uma abordagem multidisciplinar com parcerias público-privadas.

Observou-se que ao longo de vários anos, nos interstícios dos espaços degradados na Cracolândia, alojaram-se atividades ilícitas, em tal magnitude que, no caso de Santa Ifigênia, demandaram, entre os anos de 2005 e 2008, ações combinadas de órgãos de segurança e das secretarias municipais da Saúde e da Assistência e Desenvolvimento Social (SEADS) do Estado de São Paulo. Menores foram reconduzidos às suas famílias, a população foi cadastrada e encaminhada para o atendimento em equipamentos de saúde; e, na área de segurança, foram realizadas apreensões de armas de fogo, drogas e mercadorias ilícitas além do fechamento de estabelecimentos irregulares. Todavia, não melhorou o abuso e tráfico de *crack*, assim como a prostituição, vadiagem e outros delitos que afetam a qualidade de vida, provocando uma sensação de insegurança na população que trabalha ou vive na região. O quadro degradante promete melhorar, em razão da operação conjunta deflagrada em junho de 2009, sem prazo para conclusão, com vistas a controlar a baixa criminalidade, especialmente o uso do *crack*.

m. No sul do *Bronx*, foi observado que Bloomberg, Prefeito de Nova Iorque, continua aplicando o policiamento dos delitos contra a qualidade de vida iniciado na gestão Giuliani (1994). As lideranças e especialistas consultados nas ONGs SSBx (*Sustainable South Bronx*) e *Nos quedamos/We stay*, em janeiro de 2009, foram unânimes, elogiando as ações sociais do governo de Michael Bloomberg, que, aliás foi reeleito para o 3º mandato. Entretanto, criticaram o fato de terem sido destinados mais de 500 milhões de dólares para a expansão do Estádio de Beisebol dos Yankees, que está localizado no Bronx. Alegando que o dinheiro poderia ser direcionado para melhorar o meio ambiente artificial local que sofre muito com poluição das frotas de caminhões que cruzam o bairro, o que mantém e aumenta os números de casos de asma entre crianças e adolescentes. A crítica procede parcialmente. Em parte pode ser enfrentada ao se pensar que a expansão do Estádio gerará mais empregos diretos e indiretos aumentando a arrecadação dos cofres municipais com o imposto cobrado, o que garantiria mais verba para os investimentos sociais.

n. Num arremate, observou-se que o meio ambiente é um bem de uso comum do povo e essencial à qualidade de vida, conforme preceitua o artigo 225 da C. F. Foi visto que o termo meio ambiente não se restringe à noção de natureza, composta pela fauna e flora, mas, também, ao âmbito no qual vivem as comunidades.

Ficou evidente que esse bem de vital importância não tem sido preservado. É possível notar a crescente escassez de recursos naturais e o aumento da poluição, materializado nas mais variadas formas. Sendo que o maior inimigo do meio ambiente é, justamente, quem mais precisa dele: o homem. Repete-se a inexorabilidade da máxima hobbesiana (O Homem é o lobo de si próprio – *homo homini lupus*), que deve ser vergastada, combatida, ou melhor, reformada, corrigindo essa postura egocêntrica e antropofágica *lato sensu*.

É universal o pensamento quanto a preservar o meio ambiente e não colocar em risco a vida dos seres humanos de hoje e do amanhã. Para isso, como visto, o ordenamento jurídico brasileiro normatizou a proteção do meio ambiente, dispondo o apenamento daqueles que violam as regras ali previstas. Contudo, a exemplo de outros diplomas legais, a ameaça de punição não resolveu o grave problema do descumprimento da lei, mormente quanto ao meio ambiente. Resta, pois, a implementação de ações preventivas e proativas com vistas a que a comunidade conheça seus direitos e deveres quanto ao meio ambiente sadio e equilibrado, praticando-os em sua plenitude. Diante desse quadro, consolida-se a educação ambiental, como melhor ferramenta de conscientização, especialmente para formar crianças e adolescentes que estejam ou não em situação de risco social. Afinal, o meio ambiente é um direito e ao mesmo tempo, dever de todos.

Conclui-se, sem sombras de dúvidas, que é imprescindível que se tenha em mente o dever de salvaguarda do meio ambiente e precaução dos danos ambientais. Nessa direção, os primeiros sinais de deterioração, de possibilidade de geração de ofensas ao meio ambiente, devem ser de imediato enfrentados, pois são de difícil ou impossível reparação.

o. Quando o assunto é meio ambiente natural ou artificial (onde se edificam as cidades e quebram-se as regras – janelas – de convivência), é crucial que seja trabalhada a cidadania e a chamada ética ecológica. Esta leva a uma atitude mais consciente em relação ao meio ambiente. O que não implica culto à natureza ou outros proselitismos, porém uma deferência à natureza como forma de respeitar o semelhante. Por sua vez, há quem sustente que a natureza é um fim em si e não é apenas o ser humano a única finalidade. Outros tencionam restaurar a ideia do Contrato Social, agora sob a forma de um Contrato Natural entre a humanidade e o ambiente. A Mãe-Terra oferece tudo ao homem e de maneira gratuita. Como alvitra José Renato Nalini, Desembargador-Presidente da Câmara Especial do Meio Ambiente do Tribunal de Justiça de São Paulo:

> [...] para que a vida permaneça possível, para que o gênero humano se perpetue, derrubemos a ética humanista ou antropocêntrica clássica, elaboremos um contrato natural, remetendo finalmente, como o próprio Serres nos diz, à ideia de uma ética "objetiva", centrada sobre o real. (NALINI, 2008, p. 368-369)

O sacrifício do ambiente se reflete não apenas em relação aos contemporâneos. Compromete a própria posteridade. E o ser humano presente não está desvinculado de compromissos éticos em relação aos que o sucederão. As gerações futuras dependem do uso saudável dos atuais recursos naturais. O homem não é dono da natureza. Ele a recebeu por empréstimo e prestará contas pela sua malversação. (NALINI, 2008).

Ao concluir este trabalho é forçoso deixar claro a crença do autor de que São Paulo, e por extensão todo o país, precisa, além das importantes ações afirmativas e compensatórias, de um sistema de prevenção criminal secundária (repressivo) que funcione rápido e eficientemente, de modo a provocar a certeza da punição àqueles que transgredirem as normas da boa convivência, notadamente que atentem contra o meio ambiente artificial e natural.

Demais disso, também é vital deixar evidente a fé inabalável de que qualquer solução, apesar dos muitos avanços conquistados nas conferencias internacionais, do amadurecimento da legislação ambiental e do fortalecimento de diferentes organizações governamentais e não-governamentais atuantes na área ecológica, passa pela participação da comunidade.

Nesse rumo, a Educação Ambiental – trazendo as novéis Economia do Colarinho Verde e o voluntarismo do Movimento do Cinturão Verde – combinada com o pragmatismo da concepção das *janelas quebradas*, pode ser apontada como uma boa alternativa para melhoria da qualidade de vida de todos. Isto porque compatibiliza ações preventivas de amplo espectro – ensina práticas de preservação do meio ambiente artificial e natural com atitudes de precaução e vigilância contra incivilidades – que ajudam na prevenção da violência, zelam pela ordem estética e estabelecimento da paz social.

REFERÊNCIAS BIBLIOGRÁFICAS

ALMEIDA, C. Aldair. *100 anos depois de Anísio Teixeira*. Disponível em: <http://www.bvanisioteixeira.ufba.br/agenda/Ecodramas-Aldair.htm>. Acesso em: 19 ago. 2009.
ALBERGARIA, Jason. *Noções de criminologia*. Belo Horizonte: Mandamentos, 1999, p.179.
ARAÚJO JÚNIOR, João M. de. *Sistema penal para o terceiro milênio*. 2ª ed. Rio de Janeiro: Revan, 1991.
ASSIS, Simone Gonçalves de, et al. *Resiliência enfatizando a proteção dos adolescentes*. Porto Alegre: Artmed, 2006.
BALLONE, G. J. *Psicweb*. Disponível em<http://gballone.sites.uol.com.br/forense/criminologia.html.> Acesso em 19 ago. 2009.
BARATTA, Alessandro. *Criminologia crítica e crítica do direito penal*. 2ª ed. Rio de Janeiro: Freitas Bastos, 1999.
BARROS, N.F. Mari. *A exclusão como forma de violência social: em busca da cidadania e emancipação*. Disponível em: <http://www.abmp.org.br/textos/19.htm>. Acesso em: 19 ago. 2009.
BECK, Ulrich. *La Sociedad dei Riesgo*. 2ª ed. Barcelona: Paidos, 1998.

BELCHIOR, Luisa. *Danos ambientais atingem 90% dos municípios e afetam a economia, diz IBGE*. 20 de agosto de 2009, <http://www1.folha.uol.com.br/folha/cotidiano/ult95u478619.shtml >
BOLICO, Regina. *Ambiente de luz: educação ambiental na sociedade*. Disponível em: <http://ambientedeluz.blogspot.com/2008/04/educao-ambiental-na-sociedade.html>. Acesso em: 19 ago 2009.
BRATTON, William. *Turnaround, how America's top cop reversed the crime epidemic*. New York/Toronto: Randon House, 1998.
_____. Crime is Down in New York City: Blame the Police. *In: Zero Tolerance Policing a Free Society*. 2ª ed. ampliada e atualizada. Londres: IEA, 1997.
CALLIGARIS, C. A praga escravagista brasileira. *Folha de S. Paulo*, Caderno Mais, 22 set. 1996, p. 5.
CANCIAN, Renato. *Escola de Chicago – contexto histórico*. 20 de agosto de 2009, <http://educacao.uol.com.br/sociologia/escola-de-chicago-contexto-historico.jhtm>
CANOTILHO, J. J. Gomes. *Direito Constitucional e Teoria da Constituição*. 3ª ed. Coimbra: Almedina, 1999.
CANOTILHO, José Joaquim Gomes. *Estudos Sobre Direitos Fundamentais*. 2ª ed. São Paulo: Editora Revista dos Tribunais, 2008
CERQUEIRA, Carlos M. N. & DORNELLES, João Ricardo W. *A polícia e os direitos humanos*. Rio de Janeiro: Freitas Bastos, 1999. (Col. Polícia Amanhã, v. 1)
CARVALHO, Carlos Eduardo Vieira de. *Coletânea Notícia do Direito Brasileiro – O Estado Regulador e a exploração de recursos naturais: a tensão entre a expansão da atividade econômica e o imperativo da preservação ambiental*. Brasília/DF: UNB, 2005, p.139-144.
CARVALHO, Vilson S. *Educação ambiental urbana*. Rio de Janeiro: WAK, 2008.

CHRISTENSEN, Karen; LEVINSON, Davis. *Encyclopedia of community: from the village to the virtual world*, v. 3, Canadá, 2001.

CLÈVE, Clèmerson Merlin [Coord.]. Direitos Humanos e "Novo Constitucionalismo": Princípios de Justiça para Sociedades Divididas. *Coletânea Direitos Humanos e Democracia.* Rio de Janeiro: Coordenação, 2007. p. 26.

COELHO, Elaine. *A ecologia do crime.* Disponível em: <http://www.nossacasa.net/recomeco/0056.htm> Acesso em: 20 ago 2009.

DENNIS, Norman. Zero-Tolerance Policing. *In: Zero Tolerance Policing a Free Society.* Londres: IEA, 1998.

DENNIS, Norman et al. *Zero Tolerance – Policing a Free Society.* 2ª ed. Londres: IEA,1997.

DIAS, Jorge de Figueiredo & COSTA ANDRADE, Manoel. *Criminologia – O Homem Delinquente e a Sociedade Criminógena.* 2ª Reimpressão. Coimbra: Coimbra, 1997.

DILGUERIAN, Mirian Gonçalves. *Síndrome do edifício doente: responsabilidade civil da municipalidade diante do Estatuto da Cidade.* São Paulo: Letras Jurídicas, 2005.

EISNER, Will. *Quadrinhos e arte sequencial.* Saõ Paulo: Martins Fontes, 2001.

ELIAS, Norbert. *A sociedade dos indivíduos.* Rio de Janeiro: Jorge Zahar Editor, 1994.

ESCOBAR, Raúl Tomás. *Elementos de Criminologia.* Buenos Aires: Editorial Universidad, 1997.

FIORILLO, Celso A. P. *Curso de Direito Ambiental Brasileiro.* 10ª ed. São Paulo: Saraiva, 2009

FOUCAULT, Michel. *Vigiar e punir. História da violência nas prisões.* Petrópolis: Vozes, 1999.

GAUDERER, E. Chiristian. *Tolerância Zero na Educação.* Rio de Janeiro: DP&A, 2000.

GOMES, Luiz Flávio. http://www.migalhas.com.br/ mostra_noticia_articuladas. aspx? cod=98664. Acesso em 01 set. 2009.

GOMES, Luiz Flávio; MOLINA, Antonio Garcia-Pablos de. *Criminologia*. 3ª ed. São Paulo: Revista dos Tribunais, 2000.

HANNIGAN, John. *Sociologia Ambiental*. (Tradução Annahid Burnett). Petrópolis, RJ: Vozes, 2009.

HARTFORD, Tim. *A lógica da vida*. (Tradução: Flávio Demberg). Rio de Janeiro: Record. 2009.

HEED, Mauri. *O desafio da qualidade de vida*. Disponível em: <http://www.pime.org.br/missaojovem/mjecologiavida.htm>. Acesso em: 19 ago 2009.

JACOBS, Jane. *The Death and Life of Great American Cities*. New York: Vintage Books, 1992.

JONES, Van. *The Green Collar Economy*. New York: Harper One, 2008.

KELLING, George; COLES, Catherine M. *Fixing Broken Windows*. New York: First Touchstone Edition, 1997.

LEAL, Rogério Gesta; REIS, Jorge Renato dos. *Direitos Sociais, Políticas Públicas*. Santa Cruz do Sul: EDUNISC, 2005.

LEMGRUBER, Julita. *Cesec – Centro de Estudos de Segurança e Cidadania*. Disponível em < http://www.ucamcesec.com.br/md_art_texto.php?cod_proj=64>. Acesso em 19 ago. 2009.

LEUZINGER, Márcia Dieguez; CUREAU, Sandra. *Direito Ambiental*. Rio de Janeiro: Elsevier, 2008.

LIMA, Ana Maria Martins de. *Conceito de meio ambiente*. Disponível em: <http://ambientedomeio.com/2007/07/29/conceito-de-meio-ambiente/>. Acesso em 20 ago 2009.

MACHADO, J.S. Carlos. *A natureza jurídica da água: um bem ambiental fundamental para garantia da dignidade da pessoa humana*. Disponível em: <http://www.jornaldaciencia.org.br/Detalhe.jsp?id=12033>. Acesso em:19 ago 2009.

MARSHALL, Gordon. *A Dictionary of Sociology*. 2ª ed. England: Oxford Press, 1998.

MAATHAI, Wangari, *Green Belt Movement* – new expanded edition. (Sharing the Approach and the Experience). New York: Lantern Books, 2004
MOLlNA, Antonio Garcia-Pablos de. *Tratado de Criminologia*. 2ª ed. Valencia: Tirant 10 blanch, 1999.
MORAES, Alexandre de. *Direito Constitucional*, 7ª ed. São Paulo: Atlas, 2000.
MORAIS, Regis de. *O que é violência urbana*. São Paulo: Brasiliense, 1981.
NALINI, José Renato. *Filosofia e Ética Jurídica*. São Paulo: Revista dos Tribunais, 2008.
PAGNONCELLI, Ronald. *Para entender o adolescente*. Porto Alegre, RS: L&PM, 2008.
PARDINI, Flávia. *De que cor?* 20 ago. 2009.
PASQUEL, Alfonso Zambrano. *Derecho Penal, Criminología y Política Criminal*. Buenos Aires: Depalma, 1998.
PINHEIRO, P. S. As relações criminosas. *Folha de S. Paulo*, Caderno Mais, 22 set. 1996.
POLLARD, Charles. Zero Tolerance: Short-term Fix, Long--term Liability? In: *Zero Tolerance Policing a Free Society*. Londres: IEA, 1998.
RAWLS, John. *Uma teoria da justiça.* 2ª ed. Tradução: Almiro Pisetta e Lenita Maria Rimoli Esteves. São Paulo: Martins Fontes, 2002
REALE Jr., Miguel. *Teoria do Delito.* 23ª ed. São Paulo: RT, 2000,
SANTOS, C. Juarez. *Política Criminal: realidades e ilusões do discurso penal.* Disponívelem: <http://www.cirino.com.br/artigos/jcs/realidades_ilusoes_discurso_penal.pdf>. Acesso em: 19 ago. 2009.
SANTOS, Mônica Pereira dos; PAULINO, Marcos Moreira. *Inclusão em educação: culturas, políticas e práticas.* São Paulo: Cortez, 2006, p. 118-120.
SERASA.*Violência*. Disponível em: <http://www.serasa.com.br/guiacontraviolencia/violencia.htm>. Acesso em 19 ago. 2009.

SOARES, Guido Fernando Silva. *Direito Internacional do Meio Ambiente: emergência, obrigações e responsabilidades*. São Paulo: Atlas, 2003, p. 38-41.
SOUZA, P.M. Robsneia. *Âmbito Jurídico*. Disponível em: <http://www.ambito-juridico.com.br/site/index.php?n_link=revista_artigos_leitura&artigo_id=1774>. Acesso em: 19 ago. 2009.
TROJANOWICZ, Robert & BUCQUEROUX, Bonnie. *Policiamento Comunitário: como começar*. 2ª ed. São Paulo: PM/RJ, 1999.
VERGUEIRO, Waldomiro et al. *Muito além dos Quadrinhos – Análise e reflexões sobre a 9ª Arte*. São Paulo: Devir Livraria, 2009.
WILSON, James Q. *Thinking About Crime*. Revised edition. New York: Vintage Books, 1985.
WOOD JR, Thomaz. *Mudança organizacional*. São Paulo: Atlas, 1995.
ZAFFARONI, Eugênio R. & PIERANGELI, José Henrique. *Manual de Direito Penal Brasileiro*. 2ª ed. São Paulo: Revista dos Tribunais, 1999.

GLOSSÁRIO

Agenda 21: é dos principais frutos da Conferência Rio-92 ou Eco-92, ocorrida no Rio de Janeiro. O citado programa de intenções definiu o compromisso de cada nação de refletir, global e localmente, sobre a forma pela qual todas as camadas sociais, assim como governos, empresas e ONGs (organizações não-governamentais), deveriam cooperar na busca de soluções para os problemas socioambientais. A partir daí, cada país passou a desenvolver a sua Agenda 21. No Brasil, as discussões são coordenadas pela Comissão de Políticas de Desenvolvimento Sustentável e da Agenda 21 Nacional (CPDS). Com efeito, Agenda 21 é um poderoso instrumento de evolução da sociedade industrial e pós-industrial, rumo a um novo paradigma, que demanda uma releitura do conceito de desenvolvimento, procurando uma maior harmonia entre as partes, privilegiando a qualidade, com relação à quantidade do crescimento. Os temas fundamentais da Agenda 21 estão tratados em 40 capítulos organizados em um preâmbulo e quatro seções:

Preâmbulo

Seção I. Dimensões sociais e econômicas:
- *Cooperação internacional para acelerar o desenvolvimento sustentável dos países em desenvolvimento de das políticas internas conexas;*
- *Luta contra a pobreza;*
- *Evolução das modalidades de consumo;*
- *Dinâmica demográfica e sustentabilidade;*
- *Proteção e fomento da saúde humana;*
- *Fomento do desenvolvimento sustentável dos recursos humanos;*
- *Integração do meio ambiente e o desenvolvimento na tomada de decisões;*

Seção II. Conservação e gestão dos recursos para o desenvolvimento
- *Proteção da atmosfera;*
- *Enfoque integrado do planejamento e da ordenação dos recursos das terras;*
- *Luta contra o desmatamento;*
- *Ordenação dos ecossistemas frágeis: luta contra a desertificação e a seca;*
- *Ordenação dos ecossistemas frágeis: desenvolvimento sustentável das zonas montanhosas;*
- *Fomento da agricultura e do desenvolvimento rural sustentável;*
- *Conservação da diversidade biológica;*
- *Gestão ecologicamente racional da biotecnologia;*
- *Proteção dos oceanos e dos mares de todo tipo, incluídos os mares fechados e semifechados e as zonas costeiras, e o uso racional e o desenvolvimento de seus recursos vivos;*

- Proteção da qualidade dos recursos de água doce: aplicação de critérios integrados para o aproveitamento, ordenação e uso dos recursos de água doce;
- Gestão ecologicamente racional dos produtos químicos tóxicos, incluída a prevenção do tráfico internacional ilícito de produtos tóxicos e perigosos;
- Gestão ecologicamente racional dos rejeitos perigosos, incluída a prevenção do tráfico internacional ilícito de rejeitos perigosos;
- Gestão ecologicamente racional dos rejeitos sólidos e questões relacionadas com as matérias fecais;
- Gestão inócua e ecologicamente racional dos rejeitos radioativos;

Seção III. Fortalecimento do papel dos grupos principais
Preâmbulo;
- Medidas mundiais em favor da mulher para atingir um desenvolvimento sustentável e equitativo;
- A infância e a juventude no desenvolvimento sustentável;
- Reconhecimento e fortalecimento do papel das populações indígenas e suas comunidades;
- Fortalecimento do papel das organizações não-governamentais associadas na busca de um desenvolvimento sustentável;
- Iniciativas das autoridades locais em apoio ao Programa 21;
- Fortalecimento do papel dos trabalhadores e seus sindicatos;
- Fortalecimento do papel do comércio e da indústria;
- A comunidade científica e tecnológica;
- Fortalecimento do papel dos agricultores;

Seção IV. Meios de execução
- *Recursos e mecanismos de financiamento;*
- *Transferência de tecnologia ecologicamente racional, cooperação e aumento da capacidade;*
- *A ciência para o desenvolvimento sustentável;*
- *Fomento da educação, a capacitação e a conscientização;*
- *Mecanismos nacionais e cooperação internacional para aumentar a capacidade nacional nos países em desenvolvimento;*
- *Acordos institucionais internacionais;*
- *Instrumentos e mecanismos jurídicos internacionais;*
- *Informação para a adoção de decisões.*

Bem Ambiental: é também como o meio ambiente é definido constitucionalmente, como sendo de uso comum do povo e essencial à sadia qualidade de vida das presentes e futuras gerações. (Art. 225, *caput*, CF/88).

Biota: são as diversas espécies que vivem na mesma região.

Conferência de Estocolmo/1972: Guido Soares explica que a "Declaração de Estocolmo, cujo preâmbulo abraça sete pontos distintos, refere-se ao homem como "o detentor do poder moral, social, intelectual e espiritual" (SOARES, 2003, p. 39), além de mediador da relação entre esse conjunto de leis relativas ao meio ambiente que deveria harmoniosamente coexistir. Cabe ressaltar a ideia principal de cada um deles: 1) o homem é visto como, ao mesmo tempo, obra e construtor do meio ambiente que o cerca e o ambiente natural e artificial são igualmente essenciais para seu bem-estar; 2) proteção e melhoramento do meio ambiente humano; 3) necessidade de um desenvolvimento sustentável; 4) os países desenvolvidos devem, baseados em sua experiência passada, quando degradaram o meio ambiente em função de seu desenvolvimento industrial, ajudar os países em desenvolvimento a desenvolverem-se sem que necessitem incorrer no mesmo erro; 5) haver um controle efetivo e racional da população mundial com relação ao meio ambiente; 6) voltar as pesquisas tecnológicas para a preservação ambiental às presentes e futuras gerações; 7) a união dos países internacionais e de todos os cidadãos, somando-se esforços de preservação e conservação do ecossistema.

A meta proposta na Declaração é a do melhoramento do meio ambiente por meio da educação, da preservação, da proteção, de todas as condições que objetivem proporcionar ao homem o fim a que se destina a reocupação dos Estados: o de que a dignidade da pessoa humana seja efetivamente assegurada a todo ser. A Declaração contempla também vinte e seis princípios, considerados por alguns doutrinadores de grande importância ao Direito Internacional como é a Declaração Universal dos Direitos Humanos à proteção da pessoa humana.

Degradação da qualidade ambiental: Alteração adversa das características do meio ambiente em detrimento do ecossistema. (Lei nº 6.938/81 da Política Nacional do Meio Ambiente).

Desenvolvimento Sustentável: Paradigma de desenvolvimento amplamente discutido na ECO 92, resultando no documento conhecido como Agenda 21, que visa, basicamente, ao equilíbrio entre o desenvolvimento econômico e à utilização dos recursos naturais de forma consciente, equilibrada ou sustentável.

Economia do Colarinho Verde (*Green Collar Economy*): A expressão, cuja autoria é atribuída ao ativista negro Van Jones, graduado na Universidade de Yale, faz referência à criação antecipada de milhões de empregos como resultado do desenvolvimento de tecnologias limpas de energia renovável. Van Jones é o autor do livro homônimo *The Green Collar*

Economy, considerado o livro mais importante sobre empregos verdes publicado até o presente.

Em 2008, devido ao baixo custo de uma inteligente campanha publicitária via internet, sua obra rapidamente transformou-se numa das mais vendidas nas listas do *New York Times*, tendo sido traduzido em seis idiomas.

Economia do meio ambiente ou Economia ambiental: A economia ambiental é um sub-ramo da economia que procura arranjar maneiras de mitigar os problemas de modo a maximizar o valor dos recursos. Entre esses temas incluem-se: a desflorestação, a sobre-exploração dos recursos marinhos (essencialmente a sobrepesca), o aquecimento global derivado do efeito de estufa resultante das emissões de gases para a atmosfera, etc. A economia do meio ambiente não deve ser confundida com novas escolas de pensamento econômico referidas como Economia ecológica. (http: //www.oeconomista.com.br/ramos-da-economia, 2009).

Ecossistema: conjunto integrado de fatores físicos, químicos e bióticos, que caracterizam um determinado lugar, estendendo-se por um determinado espaço de dimensões variáveis. Também pode ser uma unidade ecológica constituída pela reunião do meio abiótico (componentes não-vivos) com a comunidade, no qual ocorre intercâmbio de matéria e energia. Os ecossistemas são as pequenas unidades funcionais da vida.

EIA/RIMA: consiste no Estudo e o respectivo Relatório de Impacto Ambiental. São documentos distintos, que servem como instrumento de Avaliação de Impacto Ambiental-AIA, parte integrante do processo de licenciamento ambiental. No EIA é feito o detalhamento de todos os levantamentos técnicos e no RIMA é apresentado a conclusão do estudo, numa linguagem clara, de modo a facilitar a análise pelas partes interessadas. O EIA/RIMA está vinculado à Licença Prévia, por se tratar de um estudo antecedente dos impactos de poderão acontecer, com a instalação e/ou operação de um determinado empreendimento. A imposição do EIA/RIMA é definida por meio da integração dos parâmetros: topologia, porte e localização do empreendimento. Essa requisição está insculpida na Lei nº 6.938/81 (Política Nacional de Meio Ambiente), regulamentada pelo Decreto nº 99.274/90, sendo a partir de então uma exigência dos órgãos ambientais (Resolução CONAMA nº 001, de 23.01.1986).

Fatores abióticos: São todas as influências que os seres vivos recebem num ecossistema, provenientes de aspectos físicos, químicos ou físico-químicos do meio ambiente, tais como a luz, a temperatura, o vento, etc.

Fatores bióticos: Na ecologia, são assim chamados todos os elementos gerados pelos organismos em um ecossistema que condicionam as populações que o formam. Por exemplo, a existência de uma espécie em número suficiente para assegurar a alimentação de outra condiciona a existência e a saúde desta última. Muitos dos fatores bióticos podem traduzir-se nas relações ecológicas que se observam num ecossistema, tais como a predação, o parasitismo ou a competição.

Movimento do Cinturão Verde (*Green Belt Movement*): Basicamente, esse fenômeno iniciou-se no Quênia, com a líder ambientalista Wangari Maathai, que, em síntese, comandou, através de um exército de mulheres, um movimento de reflorestamento naquele país africano. Com isso, foram plantados milhões de árvores, diminuindo a estiagem e os esforços das mulheres que antes andavam quilômetros com latas d'água na cabeça para os afazeres domésticos.

Meio Ambiente: Conjunto de condições, leis, influências e interações de ordem física, química e biológica, que permite, abriga e conduz a vida em todas suas formas (Lei nº 6.938/81 da Política Nacional do Meio Ambiente).

A expressão meio ambiente (*milieu ambiance*) foi empregada pela primeira vez pelo naturalista francês Geoffrey de Saint-Hilaire (*Études progressives d´un naturaliste*,1835). *Milieu* denota o lugar onde está ou se movimenta um ser vivo, e *ambiance* indica o que rodeia esse ser. Há uma grande discussão em torno da redundância do termo meio ambiente, por conter duas palavras com significados similares, como observa Freitas (2001, p. 17). A expressão meio ambiente, adotada no Brasil, é criticada por algumas correntes doutrinárias, partindo do princípio que meio e ambiente, no sentido focado, significam a mesma coisa. Logo, tal emprego importaria em redundância. Em Portugal e Itália utiliza-se, apenas, a palavra ambiente.

Permacultura: Em meados da década de 70, Bill Mollison e David Holmgren, ambos ambientalistas australianos desenvolveram uma série de ideias e técnicas com vistas à criação de sistemas de produção estável. O projeto foi uma reação ao rápido crescimento do uso de agrométodos destrutivos após a II Grande Guerra, que de acordo com seus critérios estavam envenenando a terra e a água, reduzindo drasticamente a biodiversidade, destruindo milhares de milhões de toneladas de paisagens de solo fértil. Surgia a "Permacultura" lançada com sucesso e gerando muito debate através da publicação de *Permaculture One* em 1978, na Austrália.

Poluição: Deterioração da qualidade ambiental resultantes de atividades que diretamente ou indiretamente: prejudiquem saúde, a segurança e o bem-estar da população; criem condições adversas às atividades sociais e econômicas; afetem desfavoravelmente a biota; comprometam as condições estéticas ou sanitárias do meio ambiente; disseminem matérias ou energia em desacordo com os moldes ambientais estabelecidos. (Lei nº 6.938/81, da Política Nacional do Meio Ambiente)

Poluidor: Pessoa física ou jurídica de direito público ou privado, responsável, direta ou indiretamente, por atividade causadora de degradação ambiental. (Lei nº 6.938/81, da Política Nacional do Meio Ambiente).

Recursos Ambientais: São compostos pelo ar, pelas águas interiores, superficiais e subterrâneas, pelos estuários, pelo mar territorial, pelo solo, pelo subsolo, pelos elementos da biosfera, pela fauna e pela flora. (Lei nº 6.938/81, da Política Nacional do Meio Ambiente).

Sequestro de carbono: é um processo de retirada de gás carbônico (CO^2). Este processo ocorre basicamente nos oceanos, florestas e outros organismos clorofilados que, através da fotossíntese, retiram o dióxido de carbono e espargem oxigênio na atmosfera. A produção de dióxido de carbono aumentou com a explosão industrial e com a construção civil (uso do calcário para a produção de cimento). É o preço do progresso, diriam os utilitaristas. Demais disso, outras atividades humanas como a queimada nas plantações de cana-de-açúcar, a queima de combustíveis fósseis, além dos diferentes usos da terra, associados ao desmatamento, estão entre as principais causas do veloz avanço dos níveis de CO^2 na atmosfera, contribuindo para o aquecimento global. Os maiores estoques de carbono não são encontrados na atmosfera, mas, sim, no ecossistema marinho ou ecossistema terrestre (vegetação + solo). O conceito de sequestro de carbono foi consagrado pela Conferência realizada em 1997, na cidade de Kyoto, que criou o célebre Protocolo do mesmo nome (o qual não foi assinado pelos E.U.A., notadamente um dos maiores poluidores do Planeta), com o fim de refrear e reverter o acúmulo de CO^2 no ar que respiramos, objetivando a redução do efeito estufa.

APÊNDICE

| O Sr. Salomon afirma: A gente aprendeu que, ao consertar as primeiras janelas quebradas, ou seja, tapar os buracos, pedir e promover o nivelamento da rua e o calçamento ao redor da igreja, todos nós ganhamos. | Um dos meninos intrigado com a referência das janelas? Pergunta :"mas seu Salomon, aonde é que tavam essas janelas quebradas?" |

Sr. Salomon responde:" Filho, janelas quebradas é uma metáfora, uma comparação do que estava errado e danificado, que poderia ser numa casa, numa rua, numa comunidade com a imagem de uma janela quebrada. Em nosso caso, as janelas quebradas ou irregularidades eram os buracos da rua, que atrapalhavam a todos, inclusive o lazer de vocês. Com isso, a gente aprendeu que não se pode deixar de arrumá-las. O3 governo também acreditou em nós. Assim, com a boa vontade de todos, conseguimos, além das benfeitorias, a quadra poliesportiva. Encerrando o Sr. Salomon disse que, a grande lição que aprendemos aqui e que deve ficar sempre em nossas mentes é que: A COMUNIDADE PODE, O GOVERNO DEVE. Mas se esperarmos um pelo outro, nada será construído.

FIM

Conheça Também:

Coleção Fundamentos do Direito
Mais de 25 títulos

**Zum ewigen Frieden
Rumo à Paz Perpétua**

Immanuel Kant

120 páginas

Edição Bilíngue: Alemão – Português

**Teoria Geral
do Direito**

Jean Dabin

368 páginas

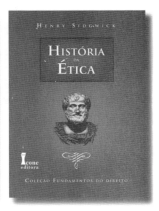

**História da
Ética**

Henry Sidgwick

304 páginas

**Para uma Moral
sem Dogmas**

José Ingenieros

180 páginas

**Crítica da Faculdade
de Julgar**

Immanuel Kant

336 páginas

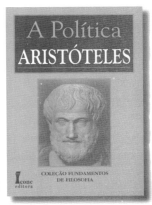

A Política

Aristóteles

272 páginas

Do Crime de Omissão de Socorro Dr. Marcos Granero Soares de Oliveira 208 páginas	Direito Internacional Público Dr. Sebastião José Roque 296 páginas	Campanhas Ecológicas para um Mundo Melhor Fernando J. P. Neme 80 páginas

Dicionário de Criminologia Gizelda Maria Scalon Seixas Santos 240 páginas	A Legítima Defesa como Causa Excludente da Responabilidade Civil Arlindo Peixoto Gomes Rodrigues 168 páginas	COT: Charlie.Oscar.Tango: por dentro do grupo de operações especiais da Polícia Federal Eduardo Maia Betini Fabiano Tomazi 288 páginas

www.iconeeditora.com.br